Die Burgenstraße

Hohenlohe

Rothenburg o.d.T.

Nürnberg

artenstein

Schrozberg

Colmberg

angenburg

Blaufelden

Franken

Ansbach

Heilsbronn

Lichtenau

Braunsbach

Jagst

sch Hall

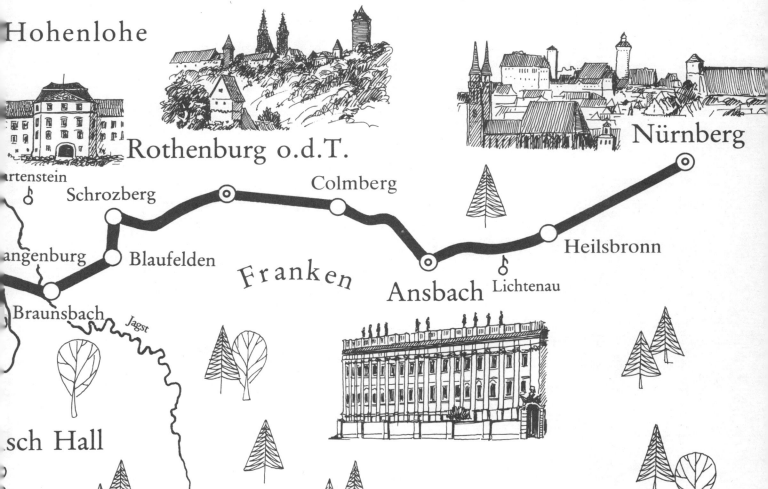

8K4

Otto Rombach
Die Burgenstraße

Zu Deinem Geburtstag am 14. Dezember 1984
von Deiner Schwester
    Ilona

Otto Rombach

Die Burgenstraße

mit 107 Abbildungen

VERLAG F. STEINMEIER NÖRDLINGEN

©1984
Verlag F. Steinmeier, 8860 Nördlingen, Reutheweg 31
Gesamtherstellung: Buch- und Offsetdruck F. Steinmeier, 8860 Nördlingen, Reutheweg 31
Nachdruck, auch auszugsweise, nur mit Genehmigung des Verlages

ISBN 3-923645-51-1

Inhalt

Prolog

Die Burgenstraße ist ein Kind unserer Zeit, die das Romantische liebt. Ihren Namen verdankt sie den nahezu 40 Burgen und Schlössern am Wege. Die Ausstrahlung dieser baulichen Zeugen einer vergangenen Welt kommt den nostalgischen Vorstellungen des heutigen Menschen entgegen, der einen Ausgleich zur nüchternen Welt der Technik sucht. Im weit gespannten Bogen werden die ehemalige Kurpfälzische Residenz Mannheim und die einstige Freie Reichsstadt Nürnberg miteinander verbunden. Dazwischen liegen verschiedenartige Landschaften, die gleichsam den Rahmen für eine faszinierende Schau liefern. Es ist ein breites Spektrum mit bemerkenswerten Sehenswürdigkeiten und Schauplätzen geschichtlicher Ereignisse im Auf und Ab der Jahrhunderte. Die Stile der verschiedenen Epochen sind in zahlreichen Bauten erkennbar und die geistigen Strömungen in den Werken weltbekannter, begnadeter Künstler, Dichter und Denker.

Über die Burgenstraße ist seit ihrer Gründung im Jahre 1954 viel geschrieben und berichtet worden. Zum ersten Mal jedoch wird mit diesem Bildband eine ausführliche geschlossene Darstellung mit einem nach Abschnitten gegliederten Text und z.T. großformatigen Farbbildern gegeben.

Die Beschreibung, für die die westöstliche Richtung gewählt wurde, gliedert sich in einen Hauptteil und einen Anhang mit wissenswerten Angaben; der Orientierung schließlich dient eine Streckenkarte.

Von Mannheim in der Rheinebene führt der Weg in das untere Neckartal bis Gundelsheim. Der in Schleifen und Bögen dahin strömende Fluß, die zum grünen Talgrund steil abfallenden Bergwälder des Odenwaldes, die aus den Hängen herausragenden Burgen und Schlösser und die Städte und Dörfer mit alten Bauten und romantischen Winkeln bieten ständig wechselnde Bilder voller Stimmung und eigenartigem Reiz. Ab Gundelsheim weitet sich das Tal zu einer fruchtbaren Aue, deren westliches Hochufer durch die Silhouette von Wimpfen betont heraustritt. Weinberge kommen nun ins Blickfeld. Ab Heilbronn wendet sich der Weg ostwärts, den letzten Ausläufer der Löwensteiner Berge beim »Weinsberger Sattel« überquerend, aus dem Weinsberger Tal nach Hohenlohe mit den einstigen Residenzen des Geschlechts Hohenlohe; ihm verdankt es seinen Namen. Das hügelige Land wird im Süden von den schwäbisch-fränkischen Waldbergen begrenzt. Seine Schönheit offenbart sich in den tief eingeschnittenen Tälern der Zwillingsflüsse Kocher und Jagst. Rothenburg ob der Tauber ist der stimmungsvolle Auftakt nach Franken hinein, mit der Frankenhöhe und dem Rangau. Das Land mit den kleinen Dörfern, den weit sich dehnenden Feldern, die durch baumbestandene Bachläufe, Waldstücke und Teiche unterbrochen werden, strahlt wohltuende Ruhe aus. In Nürnberg, der Stadt mit einer großen Vergangenheit, eine der deutschesten und »des einstigen deutschen Reiches Schatzkästlein« endet die Reise.

Die Burgenstraße ist ein Reiseweg in die Vergangenheit, aber auch eine Ferienstraße, die diesen Namen zurecht verdient. In ihren schönen Landschaften und deren Ferienorten ist Urlaub und Erholung für Groß und Klein, Kurzurlaub oder zum Wochenende möglich.

Otto Rombach, ein Meister des geschichtlichen Romans, schildert einfühlsam und gedankenreich den Verlauf und erläutert die Bilder. Ergänzend dazu geben die Städte Mannheim, Heidelberg, Bad Wimpfen, Heilbronn, Schwäbisch Hall, Langenburg, Rothenburg o.d.T., Ansbach, Heilsbronn und Nürnberg eine Selbstdarstellung. Die Einführung schrieb Kurt Weller, der Vorsitzende der Arbeitsgemeinschaft »Die Burgenstraße« seit ihrer Gründung.

Von ihm stammen auch die Kapitel »Sehenswürdigkeiten« und »Museen« im Anhang. Er gab die Anregung für die Herausgabe des Werks und leistete beratend und gestaltend Hilfe. Dabei wurde er von den Bürgermeistern, Verkehrsdirektoren der Orte und sonstigen Stellen unterstützt.

Der Bildband soll vorbereitend und begleitend für eine Reise auf der Burgenstraße eine Hilfe sein, diesen interessanten Weg als einen schönen Teil des südlichen romantischen Deutschlands kennenzulernen.

Der Verlag

Zur Einführung

»Burgenstraße« ist die touristische Bezeichnung für die etwa 300 km lange Strecke Mannheim – Heidelberg – (unteres Neckartal) – Eberbach – Heilbronn – Öhringen – Langenburg – Rothenburg o.d.T. – Ansbach – Nürnberg. Als Westost- bzw. Ostwestverbindung ist sie ein Gegenstück zum allgemeinen Trend in der Nordsüd-Richtung. Der Name wurde 1954 wegen der zahlreichen Burgen und Schlösser, etwa 40 an der Strecke, gewählt, kein willkürlicher Vorgang also, sondern ein nahezu selbstverständlicher.

Die Burgenstraße ist ein interessanter und geschichtsträchtiger Weg. Am Anfang und Ende liegen zwei Städte, deren unterschiedliche geschichtliche Entwicklung beispielhaft ist für die Vielfalt, mit der die Burgenstraße zur Reise verlockt. Mannheim stieg durch eine Fürstenlaune im 18. Jahrhundert zur Residenzstadt auf und erlebte für die kurze Zeit von etwas mehr als einem halben Jahrhundert den Glanz einer prunkvollen Hofhaltung. Die Seitenflügel des mächtigen Schlosses aus jener Zeit scheinen wie weit ausladende Arme den Kern der Quadratestadt einschließen zu wollen. Nürnberg dagegen war als Freie Reichsstadt keinem Landesherren, sondern allein dem Kaiser untertan. Die mächtige Kaiserburg schien dazu bestimmt zu sein, in alle Gassen zu schauen. Dank der Umsicht seiner Bürger entwickelte sich die Stadt an der Pegnitz zu einem der großen Handelsplätze des Mittelalters. Sie konnte mit ihrem Reichtum Kunst und Wissenschaft fördern und war durch die in ihrer Mitte wirkenden Künstler und Geistesgrößen, wie Albrecht Dürer, Veit Stoß, Adam Kraft, Hans Sachs, Martin Behaim, Peter Henlein und Willibald Pirkheimer, anerkanntes Kunst- und Geisteszentrum des Abendlandes.

Wer der Burgenstraße folgt, bekommt viele Anregungen, den Beziehungen zum großen Geschehen in der deutschen Geschichte nachzugehen. Der bunte Flickenteppich des deutschen Partikularismus wird hier besonders augenfällig. Herren an der Burgenstraße waren nach den Römern, Alemannen und Franken die Staufer, die fränkischen Hohenzollern, die Markgrafen Brandenburg-Ansbach, die Kurfürsten von der Pfalz, die Grafen und Fürsten zu Hohenlohe, die der Landschaft den Namen gaben, Reichsritter, Reichsstädte, der Deutsche Orden und Klöster. Sie bestimmten die Geschicke und prägten mit ihren Bauten, ebenbürtig den reichen Städten, das Bild des Landes mit.

Vielseitig wechselnd sind die Eindrücke an der Burgenstraße, Burgen am Berghang, Schlösser auf vorgeschobenem Bergsporn, Wächtern gleich ins Land schauend, alte Städte, vielfach noch mit Mauern, Toren und Türmen, mit plätschernden Brunnen und blumengeschmückten Fachwerkhäusern, rauschender Hochwald über grünem Talgrund, stille Straßen am schmalen Flußlauf oder die Weite eines Landes, das mit seinen Dörfern und Waldschöpfen Ruhe ausstrahlt. Eine Attraktion sind die weltbekannten Zentren des deutschen Fremdenverkehrs: Heidelberg, Rothenburg o.d.T. und Nürnberg. Auch sonst ist viel zu sehen, interessante Sehenswürdigkeiten, geschichtlich, kunstgeschichtlich, kulturell bedeutsame Stätten und Schauplätze erregenden geschichtlichen Geschehens sowie, als Besonderheit, originelle Museen und Sammlungen, mit wertvollen Kunstschätzen. Dazu gibt es viele Erinnerungen an bekannte Persönlichkeiten. Veranstaltungen aller Art bieten einen Anreiz zum Mitfeiern bei Ausflügen an die Burgenstraße das ganze Jahr hindurch.

Ihre Bedeutung als Ferienstraße wird durch die vielgestaltigen Urlaubsmöglichkeiten in den schönen Landschaften des unteren Neckartals mit der Einmündung in die Rheinebene, des Odenwaldes, des Weinlandes um Heilbronn, von Hohenlohe mit den tief eingeschnittenen Tälern von Kocher und Jagst und Franken mit Tauber- und Altmühltal, Frankenhöhe und Rangau erkennbar. Man kann in zahlreichen Ferienplätzen nach Wunsch Ruhe, besinnliche Erholung oder Abwechslung finden. Durch enge winkelige Gassen zu streifen, das Leben in einer fremden Stadt mit der Muße des Gastes geruhsam zu beobachten, von einer Burg in die Weite oder von einem Bergfried in die Tiefe zu blicken, die intim-romantische Atmosphäre als Gast in Burgen und Schlössern oder die einheimischen Spezialitäten aus Küche und Keller zu genießen, das alles gibt den Besuchen an der Burgenstraße einen eigenen Reiz.

Die Burgenstraße ist ein Teil jenes romantischen Deutschlands, das in den Vorstellungen all jener lebt, die ihre Sehnsucht nach einem inneren Ausgleich zur modernen Welt im harmonischen Zusammenklang von Landschaft, Geschichte und Kultur erfüllt sehen. So ist sie ein Reiseweg in die Romantik.

Kurt Weller

Über die Burgenstraße
von Otto Rombach

Am Neckar entlang. Ein Blick voraus.

Wer über die Burgenstraße zu reisen gedenkt, über den uralten Völkerweg von der Mündung des Neckars bei Mannheim in den viel rascher fließenden und viel breiteren, auch viel belebteren Rhein, der kommt im Frühling, wenn die ersten Bäume blühen, zuerst an vielen Spargelfeldern vorbei. Früh morgens holen dort die Bauern mit besonderen Messern die köstlichen, hellen Gemüsestangen aus den langhin halbrund aufgehäuften Beeten. Im Herbst wird hier, wo die Sonne täglich lang über der Oberrheinischen Tiefebene steht, Tabak geerntet, den man zum Gilben und Verdorren in den Scheuern aufhängt, deren hölzerne Lattenwände der Luft den nötigen Zutritt erlauben.

Fern blaue Berge, der Odenwald, dessen Hänge hinter Heidelberg im Neckartal ganz nah zusammenrücken.

Manchmal bleibt kaum noch Raum für den Fluß, der an den grünen, bis über vierhundert Meter hinaufgebuckelten Wäldern entlang fließt. Auch wo es eng wird, schmiegt sich seine Uferstraße den öfters weit ausschwingenden Schleifen an, und so bieten sich oft romantische oder lyrische Ausblicke dar, aber mitunter auch Blicke auf die Technik unserer Zeit, auf Brücken, Schleusen, Campingplätze, elektrische Masten und fahrende Schiffe mit ausgespannten Leinen voller Wimpel und Seemannswäsche.

Nach wenigen Stunden neckaraufwärts verwandelt sich aber das zuerst von dunklem Wald und Wiesengrün bestimmte Bild. Dann geht es an steilen Weinberghängen vorüber, bis bei Heilbronn die Straße in das weithin gewellte Hohenlohische Land mit seinen tief in die Keuperschichten eingegrabenen Flüssen Jagst und Kocher einbiegt.

Dann locken Kleinstadtresidenzen mit alten Wirtshausschildern und Linden am Tor, auch hier verfallende Burgen und an den Häusern Kellerhälse, vorgebaute Stiegenhäuser, wo es zum Wein hinuntergeht. Oder zum Most. Nach vielem, was des Sehens würdig und oft bezaubernd ist, durchquert der Reiseweg, auf dem besondere Omnibusse ihren Fremdendienst von Mannheim ab versehen, zuletzt die Frankenhöhe, und schließlich sind sie in Nürnberg, der alten Freien Reichs-, Kunst- und Handelsstadt, die zur Zeit der alten Kaiser als heimliche Mitte und Residenz von Deutschland galt, an ihrem Ziel, mitten im gegenwärtig gebliebenen Mittelalter und angesichts der hochgebauten Burg mit ihren mächtigen Türmen und Mauern.

In der einstigen Kurpfalz
In Mannheim, Schwetzingen, Heidelberg

Weil die Römer dem vielgewundenen Fluvius Neckar den Namen Nicer gaben, ist man versucht, die weite Bucht bei Heidelberg Porta Nicerica zu nennen. Auf der weit vorspringenden Terrasse der sandsteinroten Schloßruine, einer der schönsten Altanen Europas, hat man das unvergeßliche Bild vor Augen, wie der Neckar aus den Wäldern seines Laufes wie durch ein weit geöffnetes Landschaftstor in die Ebene eintritt, vorn, in nächster Nähe, mit der Aussicht auf die Studenten- und Gelehrtenstadt, dann auf das Rheintal und darüber hinaus auf die zart aus dem Dunst vortretenden Pfälzer Berge.

Unwillkürlich verstummen hier auch die lautesten Ausflüglerscharen, weil sie vielleicht, wie unsere Väter sagten, etwas vom Genius loci dieser Weite spüren. Denn: wie man aus alten

Menschengesichtern ein ganzes Leben ablesen kann, so wird beim Anblick einer solchen Landschaft auch das Wirken geschichtlicher Kräfte spürbar, auch der zerstörenden.

So ist von hier, vom Heidelberger Schloß aus der Kurfürst Carl Philipp von der Pfalz, was einen geschichtlichen Einschnitt bedeutet, hinabgezogen auf das vor Hochwasser sichere Kiesplateau an der Neckarmündung, wo man eine Festung bauen konnte und eine neue Stadt mit schnurgeraden, rechtwinklig angelegten Straßen, so daß die geometrisch genau verfugten Straßenzüge zuletzt einhundertundzehn Quadrate aus Häusern umfaßten. Man hat sie, welch eine Neuartigkeit, mit Alphabet-Buchstaben und mit Zahlen anstatt mit Namen ausgeschildert, also M1 oder M2 und weiter, an allen Ecken hin und her durchs Alphabet und Einmal-

eins. Viele Leute aus Holland, die ihres Glaubens wegen landflüchtig wurden, zogen dort ein.

Acht dieser mit Buchstaben und Zahlen bezeichneten Straßen münden im Ehrenhof des neuen, breit hingelagerten Mannheimer Schlosses, das mit seinen vierhundert Sälen und mit zweitausendzweihundert Fenstern als eines der größten Barockschlösser Deutschlands gilt. Dort zogen, als es in jüngster Vergangenheit zerstört worden war und wieder aufgebaut wurde, Studenten der neu gegründeten Universität in die hohen Gemächer ein, die zu Hörsälen wurden. Auch die zerstörten Deckengemälde hat man erneuert. Manches, wie das Deckenfresko nach Cosmas Damian Asam, dazu den Rittersaal sowie das Bücherkabinett der kurfürstlichen Herrin Elisabeth Auguste, kann man besichtigen.

Mannheim war schon zur Zeit seiner daseinsfröhlichen Herren, auch im geistigen Sinn, eine Großstadt geworden, in der es Feste über Feste gab, Konzerte, Galerien, ein Theater, das Nationaltheater, an dessen Stelle nun Blumen blühen. Dort haben die Mannheimer Bürger mir ihrer Lebenslust und Verständigkeit, nicht nur der Hof, wie aufgeschreckt und hingerissen dem ersten Drama des achtzehnjährigen Friedrich Schiller aus Stuttgart, »Die Räuber«, zu seinem nachhallenden Erfolg verholfen.

Jeweils stellten sich in dieser neuen Residenz am Rhein berühmte Gäste ein, auch der Kaiser, viele Künstler, Musiker, der von Paris her an Bewunderung gewöhnte Ritter von Gluck, der junge Mozart und der gefeierte Johann Stamitz, ein deutscher Musiker aus Böhmen; als literarisch bedeutender Geist war einmal auch Voltaire in Mannheim, der es spöttisch verstand, weil er die Welt durchschaute, sich verwöhnen zu lassen.

Überdies hatte der Kurfürst Carl Theodor (1724–1799), der letzte Kurfürst am Rhein, dazu ein letzter Grandseigneur aus einer Nebenlinie der Wittelsbacher, nahe bei Mannheim das frühere Jagdschloß Schwetzingen mit vielerlei Bauten und Gartenanlagen erweitert, mit Wasserspielen und überall, oft im Gebüsch verborgenen Marmorgruppen, ein Werk von höfischer Grazie. Wie seine Vorfahren liebte auch er schöne Frauen, Bücher, die Wissenschaften, Musik und die anderen Künste. Ein »Glücksschwein« hatte ihn der Preußenkönig in Potsdam sarkastisch genannt, weil dieser Kurfürst von der Pfalz als glücklicher Erbe mehr Länder einheimsen konnte, als er in seinen drei Kriegen erobert hatte. Mannheim war, obschon mit Wällen und Zitadellen als mächtige Festung gebaut, ein Zentrum der Kultur und Wissenschaft geworden, Schwetzingen sein verzauberndter Vorort, im Frühling vom Duft der Fliederblüte erfüllt.

Im Halbkreis umgeben die Schloßgebäude das kreisrunde große Parterre aus Blumen. Abseits, an einem der Seen, spiegelt sich eine Moschee, in der man Mozarts Oper »Die Entführung aus dem Serail« gespielt hat. Da mochten sich die Damen in ihren lachs- und azurfarbigen Krinolinen leibhaftig in einer Märchenwelt fühlen, sich fächelnd und lächelnd, eine einstige Bäckerstochter darunter. Manche erdienten sich hier ein Adelsdiplom, wurden Gräfinnen.

Lustwandelnd oder in Equipagen haben die höfischen Leute von damals wie die Gartenbesucher von heute diese Traumwelt bewundert, die zum Teil nach französischem Vorbild, teils nach englischer Art geschaffenen Parkpartien. Irgendwo liegt ein marmornes Badehaus mit antikisch nachempfundenen Reliefs an den Wänden, abseits ein Minervatempel. Wie in fernöstlichen Gärten, die nicht selten nach kultischen Regeln angelegt wurden, haben die Gartenmeister eine chinesische Brücke in die künstlich schöne Landschaft eingefügt. Anderswo stehen wir überrascht vor einer marmornackten Galatea, eine Plastik mit keuscher Noblesse.

Wie sich in römischen Brunnen Wassergötter vergnügen, liegen im großen Weiher athletische Flußgestalten, Symbole des Rheins und der bayerischen Donau. Dazu schießt aus dem Gartenparterre neben dem griechischen Sänger Arion, den ein Delphin als Retter durch die Meereswellen trug, eine hohe Fontäne aus dem Bassin. Um einen anderen Springbrunnen machen sich Putten zu schaffen, als hätten sie eben den Wasserhahn des steilen, glitzernden Wasserstrahls aufgedreht. Doch die bekannteste Plastik unter den vielen in diesem Park ist wohl der mächtig hingelagerte Hirsch, der marmorhell mit vierzehnendigem Geweih und gleichfalls Wasser speiend vor den weiten Blumenbeeten liegt, die wie Teppiche vor dem nicht allzuweit entfernten Schloßgebäude ausgebreitet sind.

Seitwärts drüben müßte man auch das Theater besuchen, wo uns allein der festliche Raum mit seinem Zierwerk in Gold- und Chamoisfarben gefangen nimmt. Tut sich dort der Vorhang auf, dann braucht, während sich droben unter dem Dach und im Hintergrund lautlos die Theatermaschinen bewegen, kein Akteur auf der Bühne zu stehen. In der endlos scheinenden Tiefe des Bühnenbildes mit seinen Arkaden, Statuen, Säulen und Obelisken fängt nämlich, als wäre er aus dem Park auf die Bühne versetzt, ein Springbrunnenstrahl zu sprühen an. Die Sonne geht auf. Drohend verdunkelnd zieht nachher ein Gewitter heran. Es blitzt. Erschreckende Donnerschläge poltern rundum. Man schaudert, während erlösender Regen prasselt. Wie erschrocken sind aber gleich darauf die Fontänen und der hastige Regen versiegt, worauf sich die Bühne wieder erfrischt und strahlend erhellt. Nachher, wieder im Freien, ruht der Sonnenschein so unverändert wie vorher über dem Park und dem Schloß, als hätte es nie ein Gewitter gegeben. Inzwischen wartet, während wir eine barocke Theatertechnik erlebten, draußen der Wagen. Also weiter.

Häufig wird ja das Reisen, das öfters Verweilen bedeuten sollte, zum eiligen Hasten mit dem Bedauern, was man zu sehen versäumt hat. Mindestens möchte man deshalb den Namen des Nicolas de Pigage aus Lunéville im Gedächtnis behalten, des Schöpfers der Garten- und Wasserkünste, dazu den des flandrischen Architekten und Meißelkünstlers Peter Anton von Verschaffelt, der auch den ruhig hingelagerten Hirsch mit der wütend in sein Fell verbissenen Bracke schuf. Solche Bilder begleiten uns oft ein Leben lang.

Aber man hätte in dieser Mündungsebene des Neckars auch viel Römisches zu betrachten, das da und dort zutage kam, auch in Mannheim, überreich in Ladenburg, dem alten Lopodunum, nahe beim Neckar, oder auch in Neuenheim bei Heidelberg. Dort fand man einen der schönsten fast unverletzten Mithrasaltäre, eine massige, senkrecht stehende Steinwand mit dem Relief des persischen Lichtgotts, der den Stier bezwingt, ein Bild, das man in allen Mithräen findet. Man müßte nach Karlsruhe fahren, um diese wertvollen Stücke im Museum zu sehen. Aber das heutige Ziel kann nur Heidelberg sein.

Man sieht zuerst, den Odenwälder Bergen immer näher kommend, hintereinander gestaffelte Häuserblöcke, wie sie in vielen Städten ähnlich sind, Beton und reihenweise Fenster. Kommt man jedoch, und nun zu Fuß, in die Straßen und Gassen der Altstadt, dann bleibt wohl mancher öfters stehen, so, wie die alten Herren, ehemalige Studenten, nun »bemooste Häupter«, nach Erinnerungen unterwegs sind. Hier erkennen sie den Giebel wieder, hinter dem sie einst, hoch droben, ihre Bude hatten. Dort, um die Ecke, war der Karzer mit seinen dicht bekritzelten und bemalten Wänden. Nicht weit davon die Kneipe. Es gibt sie noch! Dort hängen, angeraucht und täglich umdunstet von Biergeruch und Atemluft, in niedrigen Stuben Bilder von einst, Porträts als Fotos und Scherenschnitte, Bilder von »Purschen«, wie man ehemals sagte, mit ihren Studentenmützen und mit dem schräg über die Brust gespannten Couleurband. Auch Szenen von Mensuren haben die Photographen von damals, deren Bilder bräunlich aus dem Fixierbad kamen, auf den Paukböden aufgenommen, blutige Säbelkämpfe in wattierten, mit Lederriemen befestigten Fechtanzügen, beim Probieren mit Masken vor den Gesichtern, wie sie ähnlich die Gladiatoren in den römischen Arenen trugen. Ärzte dabei mit ihren Bestekken, mit dem Mundschutz und mit Wattebäuschen, alles Relikte aus Alt-Heidelberg.

Mit diesem Titel, »Alt-Heidelberg«, ist seit dem Anfang unseres Jahrhunderts jenes gefühlvolle Bühnenstück um die Welt gegangen, in dem der studierende Erbprinz auf seine geliebte Käthi, die leider nicht von Adel, sondern nur Kellnerin war, verzichten muß, und sicher hat dieses Schauspiel, aus dem auch ein Musical wurde, zum Sentiment und Ruhm der Stadt am Neckar seinen Anteil beigetragen.

Zu diesen Unvergänglichkeiten, die innerlich unwägbar sind, gehört vor allem der Blick, den man zuerst vom Philosophenweg aus über den Neckar hinüber auf die Altstadt und die aus dem Berghang darüber aufragende rosa schimmernde Schloßruine hat. Im Vordergrund erheben sich hinter dem doppeltürmigen Brückentor mit seinem hohen Portal und den geschweiften Zwiebelhauben die Kirchtürme hoch über die Dächer hinaus; schlank, wie in Stufen hinaufgedrechselt, die Heiliggeistkirche, in deren Nischen, fast um die ganze Kirche herum, noch immer Marktbuden wie im Mittelalter stehen.

Von ihren überquellend mit Souvenirs bedeckten Ladentischen an bis zu den Markisen hinauf sind sie behängt mit Ansichtskarten, Leporellos, die vielgefaltet herunterhängen, mit bedruckten Tüchlein, Humpen und Gläsern und vielerlei anderen Reiseandenken, an die mancher hier sein Herz verliert. Man sieht von jenem Philosophenweg am anderen Ufer aus auch den sehr schlichten Turm der Jesuitenkirche mit ihrer vorgeblendeten Fassade und den Turm der Peterskirche über die viel gewinkelte Welt der Dächer ragen, Merkzeichen einer Stadt, in der man überall, auch in den schmalsten Pflastergassen, Erinnerungstafeln an bedeutende Geister findet. Da liest man etwa, in schwarzen Marmor gemeißelt: »In diesem Hause wohnte der Chemiker R. W. Bunsen von 1855–1888« oder »...der Dichter Max Halbe als Student...« Wer denkt noch daran, daß seine Theaterstücke einmal die deutschen Bühnen beherrschten? Oder »Gottfried Keller (1849–1850)«, »Nikolaus Lenau (1831)«, »Robert Schumann (1829/30)«. Anderswo steht auf einer hellen Marmortafel, die Regenspuren trägt: »In diesem Hause hat Kirchhoff 1859 seine mit Bunsen begründete Spektralanalyse auf Sonne und Gestirne angewandt und damit die Chemie des Weltalls erschlossen«. Welch ein Ereignis, das erst uns Heutigen bewußt zu werden scheint! Auf einer weiteren Tafel, wie ein gerahmtes Bild in eine Hauswand eingelassen, wird festgestellt, daß Goethe dort bei den Gebrüdern Boisserée gewohnt hat! Einmal hätte er fast bei der so majestätisch altertümlichen Brücke Quartier genommen; aber in jenem Gasthof war jede Stube besetzt gewesen. Später hat dann der nachmals enttäuschte Wirt den Verlust des so berühmt gewordenen Gastes auf einer Erinnerungstafel bedauert: »Fast hätte Goethe hier gewohnt«. Endlos scheint die Liste derer, die hier noch aufzuzählen wären: in der Pfaffengasse das Geburtshaus Friedrich Eberts, des ersten Weimarer Reichspräsidenten, auf dem Bergfriedhof am Wald das Furtwängler-Grab und, nicht zu vergessen: das Haus, wo Achim von Arnim und Clemens Brentano, 1808, in einer politisch durchgerüttelten Zeit, den romantischen Schatz »Des

Knaben Wunderhorn« gesammelt haben. Plötzlich hatten sie einen fast vergessenen Reichtum der Poesie entdeckt.
Schließlich müßte man aber auch am »Haus zum Ritter« die zum Glück erhalten gebliebene, prächtige Renaissance-Fassade mit ihren Giebelvoluten bewundern. Mit ihren Säulen, Halbfiguren und Medaillons, die jeden Fensterstock umrahmen, ist dieses alte Gasthaus ein bürgerstolzes Gegenstück zu den figurenreichen Prunkfassaden etwa des Ottheinrichsbaues droben im Schloß, die an Rom und Florenz erinnern.
Manchen zwingt es jedoch, vor seinem Anstieg zur Schloßruine hinauf, noch in der Altstadt einen Blick zu werfen auf die Manessische Handschrift, den größten Schatz der Bibliothek der alten Hohen Schule Carola Ruperta. Über ein halbes Jahrtausend alt ist der schwere Foliant in seinem Panzerglasgehäuse mit seinen verhalten getönten Bildern der Minnesänger, oft mit ihren verehrten Damen und mit ihren Wappen, eine Kostbarkeit auf Pergament. Andere Gäste streben vorher noch in das Kurpfälzische Museum, um dort die lebensvolle Schnitzkunst Tilman Riemenschneiders zu bestaunen, oder, verstummt vor Nachdenklichkeit, den Unterkiefer des Homo Heidelbergensis. Im nächsten, rechts abzweigenden Seitental des Neckars stieß bei der Ortschaft Mauer der Erdarbeiter Daniel Hartmann (1907) auf dieses Relikt des ältesten Menschen, der, wie die Gelehrten meinen, vor mehr als einer halben Million von Jahren hier gelebt hat. Auf der marmorschwarzen Grabsteintafel des Daniel Hartmann hat man dessen bedeutungsvolles Finderglück einmeißeln lassen, einen Ruhm, den er der Wissenschaft verdankt. Jetzt hatte man überdies einen Beweis dafür, daß das untere Neckartal schon in geschichtlich kaum erforschbarer Zeit von Menschen bewohnt war.

Hier, wo der Neckar das kurpfälzische Bergland verläßt, haben am Abhang des fünfhundertundsiebzig Meter hohen Königstuhls die Herrscher der Pfalz ihre Burg mit mächtigen, hohen Mauern und Türmen gebaut, voran der Kurfürst Otto Heinrich (1556). Nach ihm haben Friedrich IV. (bis

1610) und der Kurfürst Friedrich V. diesen Herrensitz zu jenem prächtig ausgeschmückten Schloß erweitert, das später, auch als Ruine, nachdem es Mélac, der unheilvolle Marschall des Sonnenkönigs, ausbrennen ließ, einen unvergeßlichen Anblick bietet (1689). Wie in einem Feen- oder Fantasiestück treten, sobald die berühmte Schloßbeleuchtung beginnt, die breit vor dem waldigen Berghang hingelagerten Trakte mit ihren Türmen und Giebelwänden magisch aus der Dunkelheit hervor. Feuerwerksfunken fallen in wirbelnd hinausgeschleuderten Bündeln aus Himmelshöhen herunter, wo die Raketen platzen, grün, rot und blau und gelb. Sie spiegeln sich im Neckarfluß, auf dem schemenhaft die übervollen Ausflugsdampfer und Ruderboote mit eigenen Lichterketten und Lampions durch diesen Feuerzauber treiben, zeitweise von Nacht umhüllt.

Tagsüber gilt jedoch vor allem anderen dem Schloß der erste Gang der meisten Fremden, die es in Scharen nach Heidelberg zieht. Aber von allen, die durch den Torturm in den Schloßhof drängen, eilen viele rasch an der Brunnenkapelle mit ihren noblen Säulen vorbei, die aus der Römerzeit stammen und die in Ingelheim einst in den Kaiserpalast von Karl dem Großen eingefügt waren. Bewundernd blicken die Besucher wohl auch auf die herrlichen Renaissance-Fassaden des Friedrichs- und des Ottheinrichsbaus mit ihren hoch hinauf geschwungenen Giebeln und mit der fast verwirrenden Mathematik, mit der hier Säulen und Lisenen, Pilaster und Gesimse kunstvoll abgestimmt erscheinen, aber vor allem, wie hier die Statuen der pfälzischen Fürsten und der antiken Götter und Atlanten mitsamt den Tugenden über die sandsteinfarbige Wand verteilt

sind. Als schönste Festkulisse, durch deren leere Fensterhöhlen man den Himmel sieht, ist die Fassade des Ottheinrichsbaues, ein Majestuoso der Architektur, in das Ensemble des Schloßhofs eingefügt, in dem viele Besucher wie ratlos vor soviel edler Baukunst stehen.

Aber dann steigen sie, neugierig fröhlich, zu dem gleichfalls weltbekannten Großen Faß hinunter, das über zweitausend Hektoliter Wein aufnehmen könnte! Jetzt ist es leer. Aber sein Nimbus blieb. Vor ihm hat man an der Staffel die Holzfigur des Zwergs Perkeo aufgestellt, des Kellermeisters, der nach dem Gedicht von Scheffel »an Wuchs klein und winzig, an Durst riesengroß« gewesen war. Noch jetzt erschrecken die Kellergäste belustigt, wenn der einstige Hofnarr sich rührt. Nachher, nun wieder droben im benachbarten Trakt der Schloßruine, studiert so mancher die vielen lateinischen Namen auf den Gefachen und Gläsern der Museums-Apotheke mit ihren Tiegeln, Töpfen, Stössern und den zierlich kleinen Gewichten, lauter Geheimnisvolles.

Aber schließlich treten die vom vielen Schauen fast übersättigten Gäste mit »Ah« und »Oh« auf die große Altane hinaus, von der aus sich westwärts, über die vielgiebelige Stadt hinweg, und ostwärts in das Neckartal hinein, ein Rundblick von unvergeßlicher Schönheit bietet. Er wird in seinen Farben und von Duft gesteigert, wenn es Frühling ist, wenn Flieder und Obstbäume blühen, Magnolien, Forsythien, und wenn der Gingkobaum, den Goethe mit einem Gedicht verewigt hat, im Schloßpark seine hellgrünen Herzblätter treibt.

Dann überfliegt auch bald eine pastellhafte Tönung, die künftiges Laubgrün

ahnen läßt, die Uferberge, die beiderseits den Neckar begleiten. Weiße Ausflugsdampfer begegnen uns dort, Paddler und Lastkähne, bunt mit Wimpeln und Flaggen, auch mit solchen der Schweiz, aus Frankreich und Holland. Überall winkt man sich zu, von Zelten, Wohnwagen, Badewiesen, von Schiffen, Eisenbahnen, Autos. Darüber ragen in dem vielgekrümmten Flußtal jeweils wieder sandsteinrote Burgen und Ruinen auf. Aber vorher weisen bei solcher Flußfahrt die Kundigen auch auf die ländlichen und bürgerlich honetten Wirtshäuser in den Vor- und Nachbarorten Heidelbergs hin. Oft liegen sie unter Kastanien und Linden, die ihre Gartentische überschatten, wie versteckt. Dort kann man, wie in uralt fernen Zeiten, manchmal noch Studentenlieder hören. »Profiziat!« prosten sich die Alten Herren zu.

Dort sieht man, nur wenige Meilen flußaufwärts bei dem alten Stift Neuburg, oft Benediktiner-Mönche bei der Arbeit auf ihren Feldern und Wiesenhängen. Wie vor achthundert Jahren haben sie wieder das Hausrecht im Stift, nachdem es zuletzt das Heim eines Dichters war, des gütigen Alexanders von Bernus. Bis in die zwanziger Jahre hat er dort seine Freunde empfangen. Wer kennt sie noch? Karl Wolfskehl, Richard Dehmel, Alfred Mombert, Friedrich Schnack und neben Kubin, dem fantastisch-skurrilen Zeichner, die würdigen Meister des dichterischen Wortes, Friedrich Gundolf und Stefan George. Hundert Jahre vorher waren dort die Romantiker eingekehrt, Arnim und Brentano, Eichendorff und Carl Maria von Weber, Tieck und Justinus Kerner, aber auch Wilhelm von Humboldt und Friedrich Schlegel, alljährlich Marianne von Willemer.

Im Burgenland des Neckars

Pappeln stehen am Ufer entlang, an dem einst der Treidelpfad verlief, auf dem noch in der Zeit Mark Twains, der den Neckar noch abenteuerlich auf einem Floß befuhr, Trupps von Maultieren oder schwere Kaltblutpferde die

Treidelkähne bergwärts zogen. Bis zur Jahrhundertwende hatten Flöße aus riesigen Schwarzwaldtannen zum täglichen Bild am Neckar gehört. Über zweihundert Meter lang war manches Floß, dessen erstes »Gestör«

die Flößer vielleicht auf der schmalen, jungen Enz bei Wildbad zusammenbanden. Andere Stämme fügten die Knechte da und dort dazu. Bis zu den Hüften reichten die Wasserstiefel der Flößer, die mit überlangen Stangen, wie eine Sandsteingestalt auf der Brücke in Calw einen zeigt, die beweglich zusammengekoppelten Flöße durch Biegungen und Brücken lenkten. »Sperr, Jockele, sperr!« riefen dann manchmal Leute am Ufer, auch Studenten, wie in Tübingen so in Heidelberg, den Floßknechten gutmütig spottend zu, worauf »die Jockele« ihnen verärgert drohten. Aber sie sperrten, wo es nötig war. Der Sog riß sie vorüber. Abends »jumpten« sie dann, wie Ringelnatz sagte, der auch einmal am Neckar reiste, den ans Ufer geschmiegten Wirtschaften zu, auch im stillen Neckargemünd, wo die Elsenzmündung wie ein lagunenartiger Seitenarm des Neckars ist, eine Idylle mit vielen Booten. Oder sie legten, unweit oberhalb, nach einer der weit geschwungenen Schleifen des Flusses, bei Neckarsteinach an, dessen vier Burgen aus den Wipfeln des steilen Hangwaldes ragen, teils als Ruinen, so, wie oft unterwegs Buntsandsteinfelsen wie zyklopische rötliche Riffe aus den Waldbäumen drängen. Kletterfelsen. Wilde Kirschen blühen dort im Frühling wie weiße Sträuße auf. Landschadenburg heißt eine der Neckarsteinacher Burgen, deren Besitzer um 1320 Lehensträger des Bischofs von Worms war. Einmal taucht in später, fast neuerer Zeit, ein Burgherr auf, der Metternich hieß, ein geschichtlich über den Neckarraum hinaus bedeutsamer Name. Die Mittelburg, nun mit Zinnen auf den Mauerkronen und Türmen, wurde zur Zeit der Staufer erbaut (1170). Raubritter haben angeblich einst die Burg Schadeck bewohnt, die sich mit ihren Türmchen schwindelnd hoch aus dem bewaldeten Steilhang erhebt. Die Leute heißen sie »Schwalbennest«, und man darf sich in dieser romantischen Umwelt den Minnesänger Bligger II. vorstellen, den die Manessische Handschrift mit einer Harfe zeigt. »Unter Bligger XIV., dem Landschad von Steinach, Großhofmeister des Kurfürsten von der Pfalz, kam das Geschlecht wieder zu Wohlstand«, heißt es in einer Chronik, aber auch, daß die Burg um 1424 »vast buwefellig und zergangen«, also baufällig war. Heute sind die Ruinen und die zum Teil bewohnten Burgen der stolze Schmuck der Vierburgenstadt, die, wie ein Stück weit neckaraufwärts das

ebenfalls von einer Burg gekrönte Hirschhorn, seit 1803 zu Hessen gehört.

Ohnedies haben die Städte am Fluß oft ein gemeinsames Schicksal gehabt, Kriege mit Feuersbrünsten und anderen Schrecken, aber alljährlich auch die Hochwasserfluten des Neckars, die an den Mauern entlang und durch die Tore in die Häuser schossen. Noch 1970 zeigte der Pegel in Neckarsteinach sechs Meter achtundvierzig Zentimeter über der normalen Höhe an. Sobald das Wasser anschwoll, hieß es, die Neckarschiffe, deren es in Neckarsteinach jüngst noch neunzig gab, rasch auf das höhere Ufer zu zerren und fest zu vertäuen. Oft hörten dann die Leute in den Uferhäusern, die in den oberen Geschossen hausten, unter sich das trübe Wasser in den bis zur Decke angefüllten Stuben schwappen und strudeln. Nachbarn, die sie dort herausholen wollten, stakten mutig auf flachen Nachen durch die Gassen, wo reißende Bäche strömten.

Wie aus einem Märchen mutet dagegen die Überlieferung an, daß die Steinach, die hell aus dem Odenwald plätschert, lange Zeit als wunderbarer Perlfluß galt, mindestens seit 1760, als ein Kurfürst von der Pfalz hier eine Perlenzucht versuchte. Wie ungewöhnliche Schatzsucher waren die Perlenfischer zu den Muschelbänken im Bach gewatet, in dem sie vor wenig mehr als dreißig Jahren noch zweitausendachthundert Perlmuscheln zählten (1949). Ein Dutzend Jahre später waren es nur noch sechshundertundsechzig. Nur fünf »brauchbare« Perlen hatten sie, wie der Stadtschreiber festhielt, als Beute abliefern können.

So kann man auch hier, wie oft auf Reisen, Unvermutetes entdecken, auch Sagen und alte Geschichten. Angesichts der Vierburgenstadt hat angeblich der Floßkapitän dem Mister Mark Twain, der in Wirklichkeit Samuel Langhorne Clemens hieß, auch die Sage über die unguten Ritterbrüder Gibnichts und Herzlos erzählt. Damals war der ebenso wißbegierige, wie humorige Mann, der einst als Seemann den Mississippi stromauf und stromab befuhr, gerade von einer Seefahrt um die Sandwich-Inseln zurückgekommen.

Nun hatte ihn hier auch der Dilsberg, den wir bereits seit Neckargemünd vor Augen hatten, zu einem Aufstieg verlockt. Rund modelliert mit Wiesen, Äckern und Wäldchen voller Eßkastanien ist dieses Bergfestungsstädtchen auf seiner Höhe von einer Stadtmauer eingegrenzt, auf der jeder Giebel, der auf sie hinaufgemauert wurde, ein lustiger Luginsland ist. Und auch hier hat der Europa-Reisende Mark Twain, der meistens alles unter- oder übertrieb, eine seltsame Sage gefunden: Ein Ritter von Geisberg hatte sich, des Wagnisses wohlbewußt, in der Burg in das Spukzimmer einschließen lassen. Morgens, er hatte den Spuk überlebt, machten ihn Spaßvögel glauben, es seien wahrhaftig fünfzig Jahre vergangen, wie es die Sage behauptet. Ohne zu zweifeln blieb aber der junge Baron dabei, in dieser einzigen Nacht um fünfzig Jahre gealtert zu sein! Bei Gott, es sei doch ein Spaß gewesen! Nein, nein! Er glaubte daran. Neben der Linde, wo er starrsinnig sitzen blieb und niemand erkannte oder niemand mehr erkennen wollte, stehen nun hohe Mauerreste, auf die man hinaufsteigen kann. Dann blickt man dort ins weitgekrümmte Neckartal, tief in den Odenwald und in die idyllische Berg- und Festungsstadt hinein. Hier herauf hatte der Kurfürst mißliebige Leute verbannt, Gelehrte, Pfarrer, Offiziere, aber auch Handwerksleute, denen nicht alles an ihrem herrischen Kurfürsten gut schien. Sie wurden von den Veteranen, die auf dem Dilsberg »in der Gnad« ihr Altersbrot bekamen, wie auf Spitzwegbildern bewacht. Auch Studenten hat man hinauf eskortiert. Im Burghof befand sich ein Karzer. Aber es heißt, wenn die Purschen zu einem Kneipabend wollten, habe ihnen ihr Kerkermeister den Schlüssel für ihre Heimkehr nach Mitternacht mitgegeben. Mitleidig habe sich auch sein hübsches Töchterlein erwiesen. Man war ja, so hoch auf dem Berg, geradezu der Welt entrückt, eine uneinnehmbare Burgstadt. Das mußte sich mancher Kriegsherr eingestehen: Einmal, als bedrohliche Trupps mit Spießen den Hang heraufkamen, haben die Bauern von den Mauern herunter, wo nun alte Leute auf dem Rundweg in der Sonne sitzen, ihre Bienenkörbe auf die Stürmenden hinabgeworfen, die plötzlich um sich fuchtelten und schließlich flüchteten, weithin bergabwärts von Bienen verfolgt. Schallend lachte der Alte, der uns das Stücklein erzählte, als sei er selbst dabei gewesen.

Wie auf dieser Dilsberg-Höhe, so ragen auch, nur ein paar Kilometer neckaraufwärts, in Hirschhorn, die spitzen Giebel der Uferhäuser über der Stadtmauer auf, an der die Straße entlang führt. Dort hat man zwar, auch des Hochwassers wegen, eine Brücke und einen Tunnel für eilige Fahrer gebaut. Aber der altertümliche Ort, um den sich bis zur Burg hinauf die Stadtbefestigung zieht, die einst der Kaiser Wenzel den Herren von Hirschhorn mit Türmen, Toren und hohen Mauern zu bauen erlaubte, diese »Perle des Neckartals«, wie man die Stadt gern nennen hört, hat ihren malerischen Reiz behalten. So mag man bei ihrem Anblick an Treidelkähne denken, deren Gespanne am Ufer stampften, oder an Kutschen wie im Biedermeier. Sicher wäre auch Moritz von Schwind von dieser Uferszenerie mit der Burg auf der Höhe begeistert gewesen, als ein Burgherr in das gotische Gemäuer eine Renaissance-Fassade einfügen ließ und als da und dort Efeu klettert. Rot leuchtet im Herbst der ähnlich wuchernde wilde Wein. »Glück im Neckarwinkel« hat Theodor Heuss, der dort als junger Wanderer mit seinem Skizzenbuch und Stift herumging, seine Erinnerung an einen Tag in Hirschhorn überschrieben, als er die einstige Klosterkirche besuchte. Sie liegt mit ihrem hochgespitzten Dachreitertürmchen ein Stück weit unterhalb der Burg. Dort gab es den Altar, Grabmäler, einen Kruzifixus an der hohen Kirchwand kunsthistorisch abzuschätzen, Werke namenloser Meister. Aber noch mehr zog den fleißig skizzierenden Gast abseits der Neckarbiegung die kleine Ersheimer Kirche an, in die ihn jedoch, nachdem er die Statuen der Heiligen dieser uralten Kirche zu zeichnen begann, eine Bauernfrau einfach einschloß. Sie, die anscheinend auch Mesnerin war, mußte aufs Feld und hat dort offenbar den gefangenen Künstler vergessen, »bis ich«, so beschrieb es der spätere deutsche Bundespräsident, dessen

sonore Stimme man aus den Worten herauszuhören vermeint, »bis ich, unheilig genug, am Glockenseil zerrte, den Abendsegen zu früh, aber mir die Freiheit läutete«.

Bewußt grotesk hat dagegen Mark Twain, den man am unteren Neckar oft zitieren kann, seine nächtliche Ankunft in Hirschhorn geschildert, wo ihn bei seiner Floßfahrt, die er in Heilbronn begonnen, ein entsetzliches Gewitter auf dem Floß und Fluß überraschte. Erschreckend malte er diese Sturmnacht aus, als hätte er sie auf dem breit und wild hinbrausenden Mississippi erlebt, auf dem er jahrelang einen Schaufelraddampfer von St. Louis nach New Orleans und wieder heimgesteuert hatte. Hier war er zuletzt mit seinen Begleitern bei Hirschhorn an Land gesprungen, um dort beim »Naturalisten« ein Nachtquartier zu erbitten, bei einem Wirt, der als seltsamer Tierfreund Haus, Hof und Garten und alle Räume im Haus voller Tiere hatte, lebendigen und ausgestopften. So hatte dort nachts eine riesige Eule einen der kühnen Floßfahrer mit gläsernen Präparator-Augen so unheimlich angestarrt, daß er zuletzt, weil er vor Unbehagen nicht einschlafen konnte, den regungslosen Nachtschreck, wohl eine Waldohreule, in den Flur hinausgetragen hatte. Hier ist jedoch der Humorist Mark Twain, ohne sich dessen bewußt zu sein, sogar zum Chronisten für uns geworden. Denn er beschrieb auch, wie ganze Bergvorsprünge für Tunnelbauten und für die Geleise der damals (1868) angelegten Eisenbahn abgesprengt wurden. Scharen von Italienern waren dabei am Werk, und man mag daran denken, daß schon vor fast zweitausend Jahren römische Straßenbauer auch hier Chausseen bauten, die auch im Land am Neckar noch erkennbar sind.
Gern hatte der Mister Twain auch den »Neckaresel« beschrieben, jenes ungewöhnliche Schiff mit vorn und hinten abgeschrägtem Deck, über das von Mannheim bis nach Heilbronn eine siebzig Kilometer lange Eisenkette über eine Trommel auf dem Schleppschiff lief. Schnaubend und rasselnd holte die Dampfmaschine die Kette vom Grund des Neckars herauf, wohin

sie verlegt worden war, polterte über das niedrige Deck und versank dann wieder. Oft zog der ungewöhnliche Schlepper ein halbes Dutzend und mehr beladene Kähne hinter sich her. Dann stoben vor diesem Lärm wohl auch die Wildschweinrudel, die bei Eberbach die wenigen Äcker durchwühlten, in ihre bergigen Wälder zurück. Symbolisch hat man jedoch, des Namens der uralten Schiffer- und Schiffbauerstadt eingedenk, und weil es die urigen Schwarzkittel heute noch gibt, einen mächtigen Keiler aus Bronze in den Anlagen aufgestellt.

Dort, am malerischen Neckarufer, an dem auch ein Kurhaus einlädt, seitdem man eine Heilquelle aus der Tiefe holen konnte, bieten die vielen Schiffe, die dort vorüber fahren, Sportboote, weiße Ausflugsdampfer und bis zur Ladelinie in den Fluten liegende Lastkähne, einen ferienmäßig geruhsamen Anblick. Andere Fremde durchwandern die einstige staufische Reichsstadt, deren kantiger Mantel- oder Pulverturm zu ihrem Wahrzeichen wurde. Neckaraufwärts hat man den »Blauen Hut« mit seiner Mauer aufgerichtet, der mit dieser Schildwand das Hochwasser ablenken sollte, oder den Eisgang. Noch 1929 war ja der Neckar auf seiner ganzen Länge bis zu seiner Mündung zugefroren. Kenner der Stadtgeschichte erwähnen aber auch gern, daß im Thalheimschen Haus, dem ältesten Gebäude der eng gebauten Stadt, früher der Sitz des Vogtes, als das Haus noch ein Besitz der Familie von Leiningen war, daß dort beinahe, 1803, die nachmals hochgeehrte Queen Victoria, Königin von England und Kaiserin von Indien, zur Welt gekommen sei. Aber als die Stunde näher rückte, war deren Mutter, die Herzogin von Kent und Witwe eines Grafen von Leiningen aus jenem weit herum begüterten Geschlecht, fast überstürzt nach London heimgekehrt. Den Geschichtsfreund zieht es jedoch auch in die Ruine der hohenstaufischen Burg mit ihren kurzen romanischen Doppelsäulen und anderen Mauerresten hinauf, wo einst der glücklose König Heinrich (VII.) von Hohenstaufen lebte. Ihn, den seine eigene Herrschsucht zur Empörung gegen den fernen Vater drängte, hatte dieser, der bestaunte Mittelmeerkaiser Friedrich II., zur Unterwerfung gezwungen und als Gefangenen mit sich fortgeführt, von Burg zu Burg bis nach Kalabrien. Rätselhaft blieb es dann, ob der nun Wehrlose dort auf einem Bergpfad zu seinem wohl letzten, weltentlegenen Gefängnis verunglückt, ob sein Pferd dort ausgeglitten oder ob er mit Vorsatz in die tödliche Schlucht hinabgestürzt ist.

So hat sich Reichsgeschichte zum Teil auch in anderen benachbarten Burgen und Städten abgespielt, wo die staufischen Buckelquadern und die stämmigen kurzen Säulen und Doppelsäulen von jener Kaisermacht zeugen. Der Imperator Friedrich, das Staunen der Welt genannt, der besser arabisch als deutsch sprach, war ja mit einer Karawane mit orientalisch verschleierten Frauen, mit Sarazenen auf Dromedaren, mit Jagdgeparden und Maultierherden, die seine Bücher trugen, an seinen starrend verstummten Untertanen im Neckartal vorbeigezogen, ein exotischer Märchenkaiser, der eigentlich aus dem schwäbischen Remstal stammte.

So sind Ereignisse, die zur großen Geschichte gehören, oft mit Lokalgeschichtlichem verzahnt, wobei die verschiedenen Burgen, von denen viele nun Ruinen sind, oft verkauft, verpfändet, vererbt oder einfach ihren Herren von einem Stärkeren willkürlich weggenommen worden sind.

Auch ist zu Eberbach noch zu ergänzen, wo manche Fassaden mit alten Sgraffiti verziert sind, daß man in dieser wichtigen Uferstadt vor allem vom Fischfang lebte, aber seit über fünfhundert Jahren auch, wie in anderen Orten mit Schiffergilden, vom Bau von Neckarschiffen. Aber die alten Schiffe und Hümplernachen aus Holz sind unterdessen anderen, modernen Schiffen aus genieteten Eisenplatten und mit Motoren gewichen. Doch werden in der vererbten Werft noch heute aus besten Hölzern blanke Regattaboote gebaut, die nachher vielleicht, bis zu acht Mann an den Rudern, auf der Themse oder sonst in der Welt zum Stolz der Rudervereine gehören. Bis auf die höchste Erhebung im näheren Umkreis hinauf, die den lustigen Namen Katzenbuckel führt, sechshundertsechsundzwanzig Meter hoch, gab und gibt es ja genügend

Baumstämme für die Sägen dieser Konstrukteure.

Von den tief von Bächen durchstrudelten Wäldern erzählt man sich überdies mancherlei Sagen, Geschichten und Märchen. Abergläubige meinen noch heute, bei stürmischem Wetter den Rodensteiner, den Wilden Jäger, zu hören, der unheimlich, mit Hundegekläff und mit schnaubenden Rossen durch den Odenwald hetzt.

Dagegen hängen die Jäger von heute alljährlich die Geweihe, die sie im Odenwald erlegten, in der Trophäenschau, die viele Waidmänner anzieht, im Kursaal auf. Allein die Namen mancher Berge und Täler klingen ja so romantisch wie in düsteren Jagdgeschichten: Die Untere und die Obere Hölle und Winterwiderschall, der Schollenbuckel und die zerklüftete Wolfsschlucht, in der man, bei Zwingenberg, der nächsten mächtigen Burganlage flußaufwärts, das Vorbild der »Freischütz«-Oper zu sehen vermutet.

Aber zuerst kommt bergwärts zwischen Bäumen am anderen Ufer die Ruine Stolzeneck ins Blickfeld. Mächtig ragt ihre einundzwanzig Meter hohe Schildmauer auf, ein Anblick wie aus einer Sage. Ausflügler haben den Wehrgang erstiegen und versuchen sich nun in Echo-Rufen.

Doch der stärkere Eindruck geht vom Schloß Zwingenberg aus. Halbhoch liegt es am Abhang mit lang hingestreckten, uneinnehmbar aus den Baumwipfeln aufsteigenden Terrassenmauern und mit ihren zwei dicht verschachtelten Burganlagen samt ihrem zweiundvierzig Meter hohen Bergfried ein stolzer Herrensitz. Aber seine Besitzer hatten, wie es in Chroniken heißt, eine eiserne Kette quer über den Neckar gespannt. Dann nahmen sie ohne Skrupel, wie mancher der raubritterlichen Nachbarn, den Schiffern ihre Ladung fort und führten die Beraubten selbst in ihre Burgverliese, bis ihre Leute daheim genügend Lösegeld schickten.

So war, was man heute romantisch findet, wenn fast hinter jedem Prallhang des Neckars eine Burg oder Ruine sichtbar wird, für den Schiffer und Fuhrmann oft ein Anblick der Angst. Ausweglos schien die Enge des Flußtals.

Es öffnet sich wie befreiend, je weiter wir südwärts kommen.

Man mußte, sagte man uns, in Neckargerach noch in jüngster Zeit mit einer Fähre übersetzen, wo nun die Wanderer und Autos über eine neue Brücke auf das andere, linke Ufer streben. Dort klingt der kleine Odenwald mit letzten Anhöhen aus.

Aber das erste Ziel ist für die meisten eine Ruine mit dem schmelzenden Namen Minneburg. Glaubt man der Überlieferung, dann haben auf der Minneburg drei Ritter zur gleichen Zeit drei Schwestern geliebt, die endlich, trotz aller Widrigkeiten, glücklich in den drei Stockwerken, die ein schöner Erker mit je drei Fenstern verband, übereinander lebten, märchenhaft.

Aber Tilly, der Feldherr des Dreißigjährigen Krieges, der auch die ganze Kurpfalz verwüsten ließ, hat auch die noble Burg ungerührt anzünden lassen. Angeblich pflegte dann später ein Eremit zwischen den Trümmern die Blumenbeete der einst hier glücklichen Damen.

Häufiger tritt nun in dieser Landschaft anstatt der sandsteinroten Felsen und Mauern, die manchmal im Sonnenlicht glühen, der helle Muschelkalk zutage. Er gibt den Böden ihre Wärme. Äcker und Wiesen, Dorfanger nannten sie einst die Poeten, breiten sich oft an den Ufern aus. Manchmal sind es nur schmale Wiesenstreifen, wo nun Wohnwagen stehen und Kajütboote ankern. Schwäne streifen wie bettelnd das Ufer ab.

Geradezu eine Halbinsel bildet der Neckar hier mit einer engen Schleife, die den kleinen Ort Binau trägt. Abseits, wie verwunschen in einem Wäldchen, liegt dort die Burgruine Dauchstein verborgen. Dagegen wölbt sich bei Obrigheim, ebenfalls auf der anderen Neckarseite überraschend, halbkugelförmig, aus blendend hellem Beton die Schale eines Atomwerks auf, still, als graphisch genau gezirkeltes Bild im Bauernland, als sei es schon immer da gewesen, ein Symbol unserer Gegenwart, so, wie sich an anderen Orten neue Brücken auf ihre Uferlager stützen. Spannbeton. Wie schwerelos mit ihrem Schwung. Hier hat man auch Architekten wie Bonatz, der den Stuttgarter Bahnhof gebaut hat, für

15

den Bau von Schleusenwerken mit langen Molen und Wasserkammern gewonnen, wie in den Fluß hineinmodelliert. Nun liegen Flottillen von Lastkähnen in der Strömung vor oder hinter ihnen, vielleicht sogar ein blitzend neues Fremdenschiff dabei von hundert Metern Länge mit Reihen von Kabinen voller Urlaubsfahrer.

So hat man den Neckar auch als Reiseroute zu Schiff entdeckt, von der man auch abseits, wie von Kreuzfahrerdampfern aus, ins Land fahren kann, in dem sich überall Zeugen und Zeugnisse aus verschiedensten Epochen zum gemeinsamen Bild vereinen.

So oder so hat ja alles, was je an einem Ort geschehen mußte, Spuren hinterlassen.

Dazu gehören in Neckarelz, dem unterdessen dicht umbauten Straßenkreuz, aus der Römerzeit die »Villa Rustica«, die man hier ausgrub, ein Weihestein mit den Reliefs der Gottheiten Venus, Jupiter und anderen, und unterwegs die Reste eines Kastells. Denn hier bog schon in römischer Zeit eine bedeutsame Straße zu den Kastellen am Limes ab, die ursprünglich wohl ein Wanderpfad von Bewohnern der Urzeit war. Er führte durch den Odenwald zum Main und weiter; hier wurde der Weg ein Stück weit zur gepflasterten Römerstraße, heute zur B 27.

Nur wenig seitwärts vom Neckartal gelangten wir dort auch bald nach Mosbach, der »Stadt der Fachwerkhäuser«, deren kantig behauene Balken ochsenblutfarbig in die weiß gekalkten Wände eingebettet liegen, auf Fenstersimsen mit meistens roten Blumen geschmückt, mit Geranien, Nelken, Petunien. Alemannisch und fränkisch haben die Zimmerleute die Balken beim Hausbau zu Ornamenten und Mustern zusammengefügt und da und dort einen putzigen Erker vorspringen lassen, unten mit einer Konsole, von der ein geschnitzter und bemalter Menschenkopf herunterlächelt, droben mit einem zipfelmützigen Dach. Eine Windfahne drauf.

Ob sich die Handwerksleute, deren Einfallsreichtum oft Erstaunen weckt, wohl als Künstler fühlten? – In den Kirchen der Stadt, die einmal vierhundert Jahre lang kurpfälzische Fürstenstadt und Residenz war, hatten sie

gotisches Maßwerk und alte Fresken vor Augen. Aus der Fayencenfabrik, die vorher als Kaserne diente, schickte man fein glasierte, schönste Töpferwaren, die heutzutage jeder Kenner finden möchte, in die Welt. So ging von ihnen und dem verspielten Zierwerk der Häuser eine eigentümliche Weltfreude aus, doppelt bedeutungsvoll, weil man ja abseits von den großen Straßen lebte. Aber man hat dafür die Heimeligkeit der Fachwerkhäuser bewahrt, in der man sich von Gasse zu Gasse und auf dem schönen Marktplatz wie in einem anderen Jahrhundert glaubt.

In Neckarelz, wieder zurück am Fluß, fesselt wohl jeden die eigentümliche, hoch aufragende, schmale Burganlage, die man das »Tempelhaus« nennt, ein ungewöhnlich schmales Gebäude mit Wirtschaftsräumen im Keller, im Hauptgeschoß mit der Kirche, die ihr Licht durch hohe gotische Fenster erhält; im dritten Stock hatten die Ritter, denen das schmale Bauwerk mit seinem Türmchen, das wie ein Minarett an der Hauswand aufsteigt, von 1297 bis 1350 gehörte, ihren Kapitelsaal, daneben den Schlafsaal. Gegen diese frommen Ritter, die einst auf den Wällen der Inseln Rhodos und Malta kämpften, waren unaufhörlich türkische Heere herangestürmt. Immer bedrohlicher war dieser Krieg der Muselmanen zur See und zu Lande, bis bei Wien die erlösende Wende gelang. Das christliche Abendland war gerettet!

Aus der Zeit einer anderen weltgeschichtlichen Wende, nämlich dem Sieg des Christentums, wird eine dunkle Legende hier am Neckar berichtet, ein Zeugnis der frühesten Christen in dieser Landschaft: Als nämlich irische Mönche auch hier missionierten, hatte sich bald Nothburga, eine Königstochter, zum Christenglauben bekannt. Aber weil sie ihr Vater, der noch an die nordischen Gottheiten glaubte, einem gleichfalls noch heidnischen Wendenkönig zur Frau geben wollte, war sie über den Fluß hinüber in eine Höhle geflüchtet. Diese Nothburgahöhle, wie man sie später nannte, wurde zum mystisch berührenden Wallfahrtsort. Denn der Vater Nothburgas hat seine Tochter,

der ein weißer Hirsch die nötige Nahrung brachte, mit Gewalt zurückzuholen versucht und ihr, so will es die Sage, den Arm ausgerissen. Nachher nahm er bald selbst den Christenglauben an. Angeblich hat eine Schlange dann seine Tochter geheilt, ein Ereignis, das ein Bild in der kleinen Kirche der Uferaue bei Hochhausen zeigt, nahe der Höhle, die nicht nur von frommen Pilgern besucht wird.

Aber die meisten, die hier, in dem fast plötzlich veränderten Landschaftsbild von Neckarzimmern unterwegs sind, zieht es hinauf zu jener Burg, in der einst jener königliche Vater der Heiligen Nothburga residiert hat: Burg Hornberg.

Oft war uns bei der Fahrt bergan das Neckartal durch seine hoch aufsteigenden Uferwälder verdunkelt erschienen, auch kühlen Atems; aber nun geht von seinen schräg hinaufgesteilten Uferhängen die Helligkeit ihrer Weinberge aus. Ihre Terrassenmauern, die den Abhang bis zu den Schlehenbüschen hinauf wie helle Gürtel durchziehen, strahlen die blanke Sonne wider. Im Frühling blühen dort Pfirsiche, Kirschen, brandgelber Ginster, Weißdornhecken.

Dort hat auf halber Höhe, umgeben von Reben und Weinbergpfählen, der berühmteste deutsche Ritter, Götz von Berlichingen, auf seiner Burg Hornberg seine Lebensgeschichte niedergeschrieben, wie er auch sonst, als Verwalter seines Besitzes, nicht untätig war. Ein Eisenpanzer erinnert in seiner Burg an diesen Mann mit der eisernen Hand, der seinem Harnisch nach kein Goliath war. Aber er hatte sich wohl, als er hier drei Jahrzehnte lang ausharren mußte, insgeheim oft an die Händel der Welt erinnert, in denen er selber mitgemacht hatte, und er wäre wohl knurrend vergnügt, wenn er heute die Lobsprüche hören würde, die ihm die Nachwelt zollt. Denn er hatte sich hüten müssen, die Markung seiner Burg, die 1517 für sechstausendfünfhundert Gulden von einem Götz dem Jüngeren gekauft worden war, ja nicht zu überschreiten oder sich gar in den Sattel zu schwingen.

Vorher, aber auch nachher, wurde Hornberg, wie die vielen Burgen am Neckar, oft von bösen Geschicken betroffen. Aber daran denken die Fremden kaum, die vom hohen Bergfried aus den Fernblick bis zur schwäbischen Alb und über den Kraichgau hinweg genießen, diesseits über den Odenwald. Wie einst der Götz, so blicken auch heute die Gäste in seinen Stuben geruhsam zu den Neckarschiffen hinunter, die tief drunten wie ohne Laut vorüber gleiten. Manche von ihnen sind hier ganz nah an ihrem Heimathafen, der an der nächsten Neckarkrümmung liegt, aus Haßmersheim!

Noch wohnen dort, im alten Dorf der Neckarschiffer, wo ihre zeitgemäß modernen Schiffe an der Lände liegen, in ihrem alten Neckarschifferdorf auf der anderen Seite, die Eigentümer dieser Flotte, Haus an Haus. Sie sind und sie heißen sich Partikuliers, aber sie sprechen das Wort »Bardegelär« aus. Sie luden seit altersher bei Straßburg den begehrten Rhein-Kies ein, befuhren aber auch den Main und den Rhein, der damals noch viele verschlungene Altwasser hatte. Einer aus Haßmersheim hatte sogar mit seinem hölzernen, bauchigen Kahn, auf dem er unter einem halbrunden Dächlein wohnte, als erster gewagt, bis nach Holland zu schiffen, eine gefährliche Fahrt auf dem reißenden Rhein, Friedrich Heuss sein Name, ein Ur-Großonkel unseres ersten Bundespräsidenten Theodor Heuss. Als dieser kühne Schiffer mit reicher Fracht von Rotterdam zurückkam, haben ihn die Heilbronner Kaufherren wie einen Entdecker gefeiert (1840).
Dreihundert aus Holz gezimmerte Neckarschiffe, die fünfundsiebzig Partikuliers gehörten, stammten einst aus dem Dorf, das wie verborgen hinter Uferpappeln liegt. Jeder seiner Eigner stand jeweils selber am Steuer. Sie kannten die Welt, weil sie mit Leuten aus weiteren Fernen zusammenkamen, und als sie, gute Bürger wie die anderen Demokraten, um ihre Bürgerrechte kämpften, waren im achtundvierziger Jahr auch die Schiffer von Haßmersheim mit einer schwarz-rot-goldenen Freiheitsfahne, die ihre Frauen geschneidert hatten, gegen die badischen Truppen in den benachbarten Kraichgau marschiert. Einer hat nachher die Fahne auf seinem Neckarkahn

versteckt. Als man sie wieder zeigen durfte, haben die Enkel der Freiheitsmänner von damals dieses Panier in der Frankfurter Paulskirche aufgepflanzt, ein Symbol der deutschen Geschichte.

An diesem Neckarknie, wo eine altertümliche Fähre bei einem Flaggenmast und anderen Seemannszeichen den Fluß überquert, kann es sein, daß aus dem Niederholz der Uferauen plötzlich mit unbeholfen anzusehenden Flügelschlägen ein Geier aufflattert. Ihm hat der Falkner, der auf der Burg Guttenberg seine Greifvögel vorführt, einen Flug in die Freiheit erlaubt, von dem er zur Fütterung wieder zurückkommen wird.
In dieser Burg aus der Stauferzeit, die einen immer schattigen, kühlen Hof umgibt, bewahrt man neben anderen Kostbarkeiten eine Bibliothek aus eigentümlichen Büchern auf, eine Holzbibliothek. Fast hundert Holzkästen sind es, jeder einem Baum gewidmet, mit Rindenstücken als Einband umkleidet; in den hölzernen Gefachen liegen Samenkörner, Blütenstaub und Blüten, Früchte wie Eicheln, bei denen man Galläpfel findet. Dazu kommen Hobelspäne und Würfel aus Holz mit ihrer Maserung, während im Rückteil, das in Golddruck den Namen des Baumes trägt, auch den lateinischen, ein gefalteter Zettel, wie man früher Briefe schmal gefaltet hat, eine Beschreibung des Baumes enthält. Welch ein Kontrast gegenüber den nobel gebundenen Bücherreihen aus bedrucktem Papier, eine Naturgeschichte der Neckarwälder, die ein Klosterbruder aus Bayern zusammentrug, jetzt eine vielgerühmte Seltenheit!
Ungewöhnlich ist auch, aber zum Geist dieser Landschaft passend, daß die Burgkapelle, die jenseits des Fahrwegs am Waldhang liegt, daß dort, obwohl sie evangelisch ist, oft katholische Pilger vor den Flügelaltären und dem Schutzmantelbild ihre Andacht halten. Wieder im Burgbereich, im früheren Brunnenhaus vor dem Tor, wo man von gedeckten Tischen aus über den Neckar hinüber die Burg Horneck sieht, tritt in der ritterlich rustikalen Schenke ein mittelalterlicher Spielmann auf, und auch er gehört mit seinen Melodien auf alten Instrumenten

zu der Stimmung, die man mitunter an diesen Ufern empfindet.

Wie zeitlos geworden mutet auch über dem steilen Weinort Gundelsheim am anderen Ufer das machtvolle Schloß der Deutschherren an, unter dem sich, hintereinander gestaffelt, einst wichtige Mauerpartien am Hang hinziehen, von runden Türmen mit Ziegeldächlein flankiert. Darüber verlaufen drei Fensterreihen übereinander in der herrisch geschnittenen, hell getönten Fassade der einstigen Residenz der Deutschen Ordensritter, die sich geschichtlich zuerst die »Brüder vom Deutschen Hause in Jerusalem« nannten. Viele haben damals ihre Burgen und Ländereien gern daheim ihrer Kommende Mergentheim vermacht, die gleichfalls eine Stiftung war. Dann residierten von 1420 bis zu seiner Zerstörung im Bauernkrieg 1525 die hohen Ordensmeister im Gundelsheimer Schloß, das nächst dem Heidelberger als das größte in dieser Landschaft gilt. Etwas von ihrer Noblesse geht auch von ihrem Schloßbau mit seinem Bergfried aus, der mit dem kirchturmartigen Helm weit über das Steildach in den Himmel strebt.
Heute hat man dort betagten Leuten, Siebenbürger Sachsen, eine Heimat für ihre alten Tage geschaffen, dazu ein Museum mit Gerettetem aus der rumänischen Welt, die ihre Welt gewesen war, stille Bewohner im festlich alten Gemäuer, das man durch ein Portal mit bedeutenden Wappenreliefs betritt. Altväterlich mutet dort auch das idyllische Städtchen mit seiner jäh aufwärts zum Schloßtor führenden Hauptgasse an, ein Zusammenklang aus reputierlichen Bürgerhäusern mit einem Brunnen auf dem Markt, mit Wappenlöwen und Säulen.

Ähnlich ergänzen sich ritterzeitliche Reste auch in anderen Orten, wie die Ruine von Ehrenberg, die nicht mehr betretbar ist, oder von Heinsheim, wo man im kleinen Barockschloß und Garten einkehren kann, mit der Ländlichkeit ihrer Dörfer, Erholungsorte am Fluß. Oder man blickt sich, unweit vom Neckar, in Bad Rappenau mit seinen schönen Kurterrassen um, wo jeder, der auf dem Rathaus zu tun hat, eine alte Wasserburg von innen kennenlernt.

So gehen das Einst und das Heute auch hier, wie oft unterwegs, mit den Akzenten und Möglichkeiten, die der Mensch von heute nicht entbehren möchte, ineinander über.

Wie im benachbarten Wimpfen, unserem nächsten Ziel, nur wenige Türme als Silhouetten vom Tal aus als Verlockung genügen, durch die gepflasterten Gassen der staufischen Kaiserstadt gehen zu müssen, so ist es oft unterwegs. Hat man dann droben vielleicht den »Blauen Turm« aus mächtigen blauen Kalksteinquadern erstiegen, den einstigen Bergfried der Kaiserpfalz, hoch droben mit Zinnen, mit dem spitz aufgesetzten Turmhelm und mit den schmalen Erkern an den vier Kanten, der Turm, der dem Bild der Stadt ihr Besonderes gibt, dann erklärt uns vielleicht ein Kenner, wo drunten im Fluß die eisenhart gewordenen Pfosten ausgegraben wurden, auf denen die römische Brücke gebaut worden war.

Dort marschierten und ritten die Kohorten aus Rom und Aquitanien ostwärts zum Limes ins hohenlohische Land hinein, das man hier endlos vor sich sieht, eine riesige, wie randlos bis zum fernen Horizont hin ausgedehnte Ebene, manchmal von Waldungen unterbrochen. Nur wenige Fensterbögen sind auf der Höhe von Wimpfen aus staufischer Zeit mit ihren frühromanischen Doppelsäulen übrig geblieben, Reste des Palas. Aber auch sie sind, wie andere Teile einstiger Bauten, in die ländliche Häuserwelt mit ihren Erkern, massiven Untergeschossen aus kaum behauenen Kalksteinen und mit verziertem Fachwerk aufgenommen. Frei steht dagegen eindrucksvoll der mächtige »Rote Turm« am östlichen Ende der Höhenbefestigung da, ehrwürdig mit seinen Buckelquadern aus dem 12. Jahrhundert, die, wo man sie findet, die staufische Herrschaft von Süditalien und Sizilien bis in den deutschen Norden beweisen. Hier haben diese Altertümer auch den verheerenden Stadtbrand von 1674 heil überstanden.

Auch das neu Gebaute von damals ist ja inzwischen längst wieder alt geworden, und so wandert man in den Gassen mit ihren Fachwerkhäusern, Gärtchen und Höfen von Jahrhundert zu Jahrhundert, hier vor Brunnen verweilend, die nachts zu singen scheinen, dort vor der packenden Kreuzigungsgruppe neben der Kirche, die auf romanischen Fundamenten heranwuchs. Um 1300 wurde ihr Chor im gotischen Geist aufgemauert; später schlug man dann über dem Langhaus ein Giebeldach auf, das unter sich drei Kirchenschiffe überspannt, in denen Schnitzwerk und alte Gemälde Andacht verlangen. Doch die meisten Leute verweilen wie gebannt, wie insgeheim von Schaudern überrieselt, vor dem makabren Kruzifix mit seinen echten Menschenhaaren, einer bärtigen Holzfigur mit beweglichen Gliedern, die vermutlich zu einem Passionsspiel gehörte.

Seltsam hört sich auch die Nachricht der Stadtchronisten an, daß, obwohl die Kirche evangelisch wurde, noch viele Gläubige in ihren altgewohnten Beichtstuhl knieten und daß ihr Pfarrherr furchtlos ihr Beichtiger blieb. Noch steht der altersdunkle Beichtstuhl mit christlicher Duldung an seinem Platz.

Aus neuerer Zeit erfährt man dagegen durch die bunt am Rathaus angemalten Wappen, daß die Stadt Wimpfen, die einmal Freie Reichsstadt war, eine zeitlang zum heutigen Bundesland Hessen gehörte, bevor es zu Baden-Württemberg kam.

So wäre noch viel Geschichtliches aufzuschlüsseln: daß Friedrich Barbarossa, der im Volksmund Kaiser Rotbart hieß, diese wichtige Pfalz errichten ließ; daß ihre Gemarkung der Schauplatz einer Schlacht unter Tilly war. Dann ist die Stadt im Tal, wo Bauern und Fischer wohnten, wieder zum Dorf geworden, links und rechts an einer breiten Straße.

Dort zieht jedoch die teils von hohen Bäumen eingehüllte Stiftskirche, dem Menschenfischer St. Peter geweiht, mit ihrer unvermuteten gotischen Schönheit viele Kunstfreunde an, vor allem ihr Südportal. Wie am Straßburger Münster und an anderen gotischen Kirchen drängen sich nämlich auch hier im spitz gewölbten Tympanon und im Gewände die Apostel, Heiligen, Märtyrer und weltlichen Fürsten zusammen, dort die Ecclesia und die Synagoge und an der Mittelsäule, sie alle still beherrschend, die Madonna mit dem Kind.

Auch ein großes Maßwerkfenster haben die Steinmetzen in die Kirchenwand eingesetzt, die mit der Lust ihrer Meißelkunst überall, auch im Innern der Kirche und in dem von Säulen umgebenen Kreuzgang allerlei Bildhauereien angebracht haben, Blendarkaden und Krabben und fantastische Geschöpfe, Fabelwesen, und, vielbeachtet, ein rührendes Vogelnest. Mit jeweils neuem Entzücken wandern die Kunstgenießer hin und her, andächtig leise. Dann streben vielleicht auch allein oder in einer Schar Benediktinermönche ihren Zellen oder der Kirche zur Andacht zu. Sie haben, als sie ihr Kloster Grüssau in Schlesien aufgeben mußten, hier eine neue irdische Heimat gefunden.

Dieses schwäbische Unterland, in dem sich das Neckartal zu einer von Rebenhügeln umgebenen Mulde weitet, ist jedoch nicht nur durch seinen Weinwuchs gesegnet; hier, wo zwischen den weithin zusammengewachsenen Städten viele Fabriken entstanden, dazu der große Binnenhafen von Heilbronn, ziehen sich auch, was man erst 1811 entdeckte, von Bad Rappenau über Bad Wimpfen und Bad Friedrichshall bis Heilbronn unter den Wiesen und Äckern unermeßliche Steinsalzlager hin. Unter dem Fluß hindurch, in dem nun bei dem eisernen Förderturm von Kochendorf mit seinem stets laufenden Rad mächtige Lastschiffe ankern, kann man in hundertundachtzig Metern Tiefe viele Meilen weit im Steinsalz wandern; hier bilden Förderbänder und eine Feldbahn, Mühlen und Brechmaschinen mit stampfendem Lärm eine ausgedehnte Fabrik unter Tage. In dieser Tiefe von nahezu zweihundert Metern, in die auch Besucher in einem einfachen Fahrstuhlkasten hinabfahren können, haben die Knappen auch einen Kuppelsaal ausgehauen, eine Kanzel aus Salz und Figurenreliefs aus Salz. Wie in Jahresringen sind, unterschiedlich in grauen Farben, in der hochgewölbten Decke jene Ablagerungen sichtbar, die einst den Boden von Urzeitmeeren bildeten, so, wie auch der Bodensatz des Salzes in einem solchen Meer herangewachsen ist, zehn, zwanzig, bis zu vierzig Metern dick! Man hat es in ähnlicher Stärke auch bei Heilbronn gefunden, wo nun die Stollen, kilometerweit voneinander entfernt, tief drunten erst in jüngster Zeit, als man die letzte Salzwand durchstach, zum gemeinsam abgebauten Labyrinth verbunden wurden. Früher, bevor man den so wichtigen Schatz entdeckte, hatten die Handelsherren der einstigen Freien Reichsstadt Heilbronn, die nicht wußten, daß sie auf mächtigen Salzflözen lebten, das so nötige, teuere Salz von den Salzsieder-Herren von Schwäbisch Hall gekauft, wo neben dem Kocherfluß, auf dem Wöhrd in der Stadt, eine Salzquelle austrat. Über einhundert riesige, flache Siederpfannen, unter denen Holzfeuer brannten, waren wie in einer Alchimistenwerkstatt mit Wolken von Rauch und zuckenden Flammen dort im Betrieb gewesen. Sie mußten erliegen, als man am Neckar ihr Salz nicht mehr brauchte.

Dann waren tief drunten am Neckar haushohe Räume wie mächtige, leere Scheunen mit grauen Wänden aus Salz entstanden, riesige Kammern, in denen man in der schrecklichen Zeit, als überall die Städte in Brand aufgingen und in Trümmer fielen, auch Heilbronn, wertvollste Schätze vieler Museen unterbrachte, voran des Schiller National-Museums im nahen Marbach: Handschriften, Bilder, die Totenmasken von Schiller und Shakespeare, Glasfenster aus Kathedralen und Münstern. Hier hatten sie, in der trockenen Salzluft gelagert, den Krieg überstanden. Endgültig waren sie aber erst gerettet, als ein Mann das Wasser, das während der letzten Tage des Krieges in die Stollen eindrang, weil die Pumpen ausgefallen waren, noch rechtzeitig abstellen konnte! Lebensgefährlich war es für ihn gewesen, nachts in den ersten Besatzungstagen über den Nek-

kar zu rudern und durch die furchtbaren Trümmer der niedergebrochenen Stadt zu irren, allein in der weglosen Öde aus Schutt und Ruinen. Aber dann hatte er einem Chargierten begreiflich zu machen vermocht, um was es ging, und endlich war gerettet, was nicht verloren gehen durfte: durch die kaum beachtete Tat zweier Männer, die in den Schacht einstiegen, durch einen Deutschen und einen Amerikaner.

Droben sah man damals, so weit das Auge reichte, von der vorher so noblen Stadt Heilbronn, die auch Goethe bewundert hatte, nur Trümmerhaufen und geschwärzte Mauern, die auch bald einstürzen würden. Dann hat man die Stadt zwar langsam, aber wohlbedacht bald wieder aufzubauen begonnen.

Mannheim

Links unten: Kabinettsbibliothek der Kurfürstin
Rechts unten: Blick vom Wasserturm in die
Augusta-Anlage

▼ *Kurfürstliches Residenzschloß*

Mannheim

Wasserturm

▼ *Jesuitenkirche*

Schwetzingen

*Nördlicher Zirkelbau
des Schlosses*

▼ *Gartenseite des Schlosses*

Heidelberg

Schloß, Alte Brücke mit Brückentor und Türmchen

Heidelberg

Blick vom Schloßaltan ins Neckartal und in die Rheinebene

Dilsberg

Neckarpassagierschiff
mit Blick auf Dilsberg

Neckarpassagierschiff
mit Blick auf Dilsberg

Teil der
Stadtbefestigung

Neckarsteinach

28

Blick auf die Vierburgenstadt

Rechts unten: Burgruine Schadeck, genannt Schwalbennest

Hirschhorn

▼ *Stadt und Schloß Hirschhorn*

Links unten: Ersheimer Kapelle
Rechts unten: Aufgang zum Schloß

Eberbach

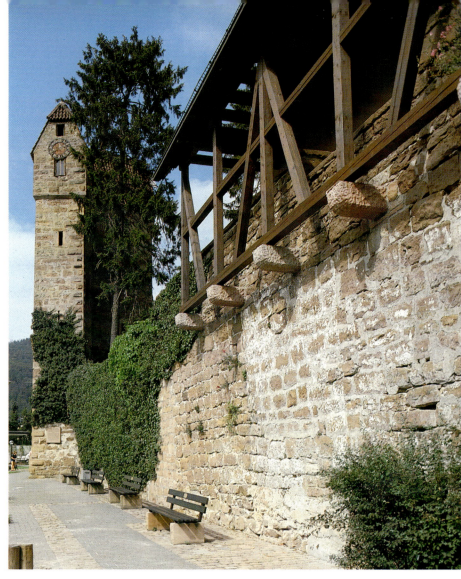

*Mantel- oder
Pulverturm,
das Wahrzeichen
der Stadt*

Blick auf die Stadt

Stolzeneck

Zwingenberg

Blick auf das Schloß

Minneburg

Obrigheim

Schloß Neuburg

Neckarelz

Tempelhaus

34

Mosbach

Links: Schlössle
Rechts: Haus Kickelhain

Marktplatz, Palm'sches Haus

Neckarzimmern

Burg Hornberg

Bild unten:
Nordtor der Befestigungsmauer

Gundelsheim

Schloß Horneck, im Hintergrund rechts Burg Ehrenberg

Burg Guttenberg

Burg Guttenberg

Holzbibliothek

Greifenwarte

Burg Ehrenberg

Morgenstimmung im Neckartal

Bad Rappenau

Schloß Heinsheim

Bad Wimpfen

Links unten: Straßenbild
Rechts unten: Arkaden vom einstigen Palast

▼ *Silhouette von Wimpfen am Berg*

Bad Friedrichshall

Greckenschloß in Kochendorf

▼ *Altes Rathaus in Kochendorf*

Neckarsulm

*Im Deutschen
Zweiradmuseum*

Teilansicht des ehem. Deutschordensschlosses

Im Weinland um Heilbronn

Heilbronn

Reichsstädte – Residenzen
Von Heilbronn durch Hohenlohe nach Rothenburg

Unter der Heilbronner Rathaustreppe, die von beiden Seiten wie die Rampe vor einem Schloßgebäude ansteigt, steht unter den Arkaden eine mehr als mannsgroße Steinfigur, »das Männle«, eine Stadt- oder Landsknechtsgestalt mit Renaissancebarett und mit geschlitztem Wams. Ehemals war sie hoch droben, schräg gegenüber, auf dem höchsten Podest des Turms der Kilianskirche postiert gewesen. Aber nun hält dort droben ein Doppelgänger das Fähnlein der Stadt in den Wind. Man sieht ihn von weither, ungewöhnlich als Turmzier auf einem Gotteshaus, in dessen Außenwand überdies jener »Heilige Bronnen« entspringt, dem die Stadt ihren Namen verdankt. Wie eine angebaute kleine Kapelle nimmt sich die Brunnenstube aus, zu der man früher wallfahren ging.

Hier sollte man aber auch, nur wenige Schritte entfernt, drinnen im Chor, den Schnitzaltar des Hans Seyfer mit seinen Apostelgestalten betrachten, zu denen wohl alte Wingerter oder Winzer mit ihren von Wind und Wetter tief gekerbten Gesichtern als Modelle dienten. Sie waren und sind noch immer der höchst geachtete Stand der einstigen Freien Reichsstadt, um die sich an der Sonnenseite weithin Rebhänge schwingen. Theodor Heuss, der hier aufwuchs, hat über ihren Weinbau seine Doktorarbeit verfaßt, aber auch viel anderes über die damals eng gebaute Stadt mit ihren Fachwerkhäusern, Kellern und Staffeln geschrieben, auch über den stolzen, eigenartigen Kiliansturm, den man besteigen sollte.

Denn sein Erbauer, Hans Schweiner aus Weinsberg, hat nicht nur auf den hohen, vierkantig aufgeführten Unterbau des Turms ein Oktogon und hoch hinauf andere darüber gesetzt. Wie ein steinernes Gestänge mutet der höchste Abschnitt an, wo eine Wendeltreppe im Freien von seltsamer Wirkung ist, wirbelig lustig, verwirrend. Dort droben hat nämlich der Künstler überall, wo sich Platz dafür aussparen ließ, groteske Bildhauereien angebracht, Blattwerk und Balustraden mit Fratzengesichtern, auch solche ohne Kinn,

wie Larven aus Stein. Sie grinsen aus Säulen heraus, als lachten sie über die Welt da drunten. Anders als die üblichen Meister der Renaissance, die seine Zeit beherrschten, hat dieser offenbar politisch aufgeregte Steinmetz Schweiner oder Janus Porcius, wie er sich lateinisch nach Porcus, das Schwein, genannt hat, den obersten Turm, wo eine Terrasse »der Tanzboden« heißt, zu einem Tummelplatz von seltsamen Fabelgeschöpfen und Menschentypen gemacht.

Da sieht man etwa in Medaillons oder sonst in das steinerne Zierwerk eingebettet, einen Affen, der eine Mönchskapuze trägt, drüben vogelgesichtige Köpfe, dort eine Nonne als Äffin und überall an den acht Kanten Lemuren wie auf den Türmen und Dächern der Kathedralen in Frankreich. Hier Tierkreiszeichen. Dort Drachen, Delphine und Sphinxe. Musik-Instrumente. Dazu Eva, die Urmutter, auf einem Weinfaß sitzend, und Adam, der mit sauer verzogener Miene in den Apfel beißt! Bis an den Himmel hinauf sei dieser Turm mit seinen lästerlichen Spottgestalten ein Bösewicht, hatte ein Zeitgenosse entsetzt den Tumult auf dem Turm genannt!

Aber den Besuchern auf dem hohen Turmkranz hat es drunten auch das Rathaus mit seiner Renaissancefassade angetan, die man mit ihren Giebelvoluten und mit der kunstvollen Uhr des Isaak Habrecht wieder rekonstruiert hat. Jeweils warten, wie in anderen Städten, wo es Kunstuhren gibt, freundlich neugierige Menschen auf dem Marktplatz darauf, daß mit dem vollen Stundenschlag die zwei Widder gegeneinander stoßen, neben ihnen der Hahn seine Flügel hebt und alle vier Stunden der Engel seine Posaune ansetzt.

Auch das wieder aufgebaute, großbürgerliche Eckhaus zieht viele Blicke auf sich, weil man hinter den Scheiben des Erkers, wie man aus Wünschen gern eine Wirklichkeit macht, das »Käthchen von Heilbronn« vermuten kann, das traumhaft liebende Mädchen der Dichtung von Kleist.

Als der Deutschherrenhof, in den man schräg hinunter hineinsieht, noch in Trümmern lag, hat man dort, von Ruinen umgeben und unter freiem Himmel, das märchenhafte Ritterstück aufgeführt, wo nun die neuen Fassaden mit ihren hohen Lisenen und Kapitellen etwas von jenem baulichen Adel wiedergeben, den sie vor ihrer Zerstörung hatten. Nun sind die Bauten zum Kulturbereich geworden, wo Bronzegestalten heutiger Künstler die zu beruhigten Plätzen gewordenen Straßen beleben.

Drüben, in der »Allee«, die man eine Avenida nennen könnte, hat man übrigens wieder, wie früher, eine »Harmonie« gebaut, nicht weit entfernt davon das Stadttheater. Das erste hatte sich einst die Bürgerschaft durch Stiftungen selber geschenkt.

In dieser »Allee« mag mancher auch vor dem Denkmal des Arztes Julius Robert Mayer zum Sinnieren kommen, dem das Gesetz von der Erhaltung der Energie bewußt zu werden beginnt, das jener Mann zum ersten Mal zur Sprache brachte.

Überhaupt wäre hier in der neueren und alten Geschichte so mancher einstigen Berühmtheit nachzuforschen. So ist von Karl V. überliefert, daß dieser Kaiser gichtkrank in der Sänfte in die selbstbewußte, ungeliebte Protestantenstadt hineingetragen wurde, aber nach zwei Wochen wieder zu Pferd gestiegen und davon geritten sei. Gott Lob! Ob ihm das Heilige Bronnenwasser genützt hat?

Einhundertsechsundzwanzig Fürstlichkeiten und Generäle, eine erstaunliche Anzahl, darunter der Zar von Rußland, hatten sich 1815 hier, im Hauptquartier gegen Napoleon, versammelt. Ein anderes Hauptquartier, ein Bauernkonvent unter dem Kanzler Wendelin Hipler, der vorher als tüchtiger Hofmann bei den Herren von Hohenlohe gedient hat, hatte sich 1525 im Schöntaler Hof gebildet, allerdings ohne das Wüten der Bundschuhbauern verhindern zu können. Nur wenige Jahre zuvor hatte der Rat der Stadt den Ritter Götz von Berlichingen eine

Nacht lang in einem Turm gefangen gehalten: dem Bollwerksturm. Seine längere Haft hat man dem Ritter leicht gemacht: er durfte in einem Bürgerhaus wohnen, sogar seine Frau kommen lassen und Spaziergänge machen. Auf den fernhin führenden Straßen, die sich in dieser Talmulde kreuzen, waren jedoch auch immer wieder Landsknechte und Soldaten in die Stadt gestürmt, wo sie, wie es viele Chronisten bebend beschrieben, erschreckend gehaust, geplündert und gebrandschatzt haben, Schweden, Franzosen, Kaiserliche, einmal als Freunde, dann als Feinde. Ein altes Weible hat uns Buben erzählt, was es von seinen Großeltern wußte, daß nach der Schlacht bei Leipzig, 1812, in den Neckarorten Kosaken auf ihren Steppenpferden in den Neckar zur Tränke und in die Schwemme ritten. Zehn Jahre vorher hatte, nachdem der Herr von Württemberg durch Napoleon über viele entmachtete Städte und Ländereien zum Landesherrn geworden, dieser erste König von Württemberg seine Soldaten auch in die Stadt Heilbronn und bis nach Mergentheim ins Hohenlohische geschickt, die neue, lange nicht geliebte württembergische Macht! Eine veränderte, neue Aera hatte begonnen!

Dies alles bedenkt man unwillkürlich, zumal die Stadt, in der um die Jahrhundertwende die Schlote und Kamine von fünf Dutzend Fabriken rauchten, zur reichsten Stadt des neuen Königreichs geworden war. Jüngst hat man den Erfinder Wilhelm Maybach, der dort geboren wurde und der mit Daimler zusammen das Zwittergeschenk des Automotors weiter entwickeln half, durch eine Ausstellung erneut geehrt. Wem ist auch noch bewußt, daß in früheren Tagen zum ersten Male elektrischer Strom von dieser Landschaft aus in die Stadt Frankfurt geleitet wurde? Also gingen die Lampen der Neuzeit mit Strom aus Lauffen am Neckar an, wo Hölderlins Geburtshaus stand.

Überdies hatte man ja bei Heilbronn jene gewaltigen Steinsalzlager entdeckt, einen unvermuteten Reichtum, und den Neckarhafen weiter ausgebaut, wo Mühlen und altertümliche Kranen standen. Hier stießen jedoch in Hungerjahren auch Auswandererschiffe ab.

Einer, der mit nach Amerika drängte, war der Kunstgärtner Pfau, der die ersten englischen Teerosen ins Land gebracht hatte. Aber man hatte kein Geld mehr für Rosen. Außerdem war Ludwig Pfau, sein Sohn, der das 48er Jahr mit Freiheitsgedichten begleitet hatte, auf der nötigen Flucht nach Paris gelangt. Man hätte sonst auch ihn wie viele andere, die für die Freiheit des Bürgers ins Feld gezogen, entweder füsiliert oder in einer Festung eingekerkert.

Als er nach Jahrzehnten gefahrlos wieder nach Stuttgart heimkehren konnte, hat sich sein kritischer Geist fast nur noch auf die Kunst gerichtet. Eindringlich hat er dabei, auch dies eine Neuigkeit, sowohl in Paris wie in London und in Deutschland alles, was man unzulänglich Kunstgewerbe nannte, mit Lob und Kritik ins Bewußtsein der Leser gebracht. Hatte nicht von Heilbronn aus mit Theodor Heuss und Ernst Jäckh mit ihrer »Neckarzeitung«, die eine Plattform der Literatur war, und durch den Unternehmer Bruckmann der »Werkbund« stärkste Impulse empfangen, eine Bestrebung, die Dinge, die uns tagtäglich umgeben, mit einem Hauch von Schönheit darzubieten? Auswärts, in Wien, hat sich der Maler Heinrich Friedrich Füger aus Heilbronn als feiner Porträtist und Miniaturenkünstler einen bis heute gerühmten Namen gemacht. Idealistisch besessen und doch voller Zwiespältigkeiten ist für den jungen, genialischen Dichter Wilhelm Waiblinger aus Heilbronn das ersehnte Italien zum Schicksal geworden, wo Freunde, als er arm in Rom gestorben, an der Cestius-Pyramide einen Säulenstumpf auf seinem Grab errichtet haben.

Er war ein Freund von Mörike und, mitleidsvoll bewundernd, des alten und verwirrten Hölderlin gewesen. Nur unweit neckaraufwärts liegt in einer Nische der Kirche in Lauffen das Taufbuch aufgeschlagen, in dem der Pfarrherr 1770 den Namen dieses Dichters eingetragen hatte: Friedrich Hölderlin. In der anderen Richtung, im Dörflein Cleversulzbach, mitten im Bauernland, stieg sonntags Mörike auf seine gebrechliche Kanzel. Manchmal fand er sich, nur eine kurze Wegstrecke weiter, im Dichterhaus von Weinsberg

ein, dem wir uns von Heilbronn aus nähern.

Dabei haben wir lange den Wartberg vor Augen, den Hausberg, auf dem noch vor Jahrzehnten ein kugelrunder Korb an einer Stange auf und nieder schwebte, ein Zeit- und Wetterzeichen für alle, die in Krautgärten, Feldern und im Rebland wissen sollten, daß nun Feierabend sei.

Wie auf einem links und rechts von Wein begleiteten, immer höher führenden Paß kommt dort allmählich die sagenhafte Weibertreu ins Blickfeld, der Schauplatz im Kampf der Staufer gegen die Welfen (1140) und im Bauernkrieg (1525), aber auch die Heimat des Reformators Ökolampadius. Von der kleinen, um den unteren Hang der Weibertreu gewachsenen Stadt aus bis hinauf zum Schattenkranz aus Bäumen über den Ruinen ist der berühmte Berg mit Rebenhängen bedeckt, durch die einst die treuen Weiber von Weinsberg ihre Ehemänner auf ihren Rücken heruntertrugen.

Im Weinsberger Rathaus hat man in aller Welt, voran von niederländischen Malern, die früher beliebten Bilder gesammelt, auf denen unterschiedliche Künstler die oft verherrlichte Tat dieser Gattentreue dargestellt haben. Die armen Weiber droben dürften, hatte nämlich der König entschieden, als die Besatzung ihrer Veste sich ergeben mußte, mitnehmen, was sie tragen könnten, ja, was ihnen am wertvollsten sei. Da waren für sie das Liebste ihre eigenen Männer gewesen. Diese weibliche List, hatte jedoch ein hoher Gefolgsmann des Königs gemeint, dürfe nicht gelten! Aber »ein Königswort solle man weder deuten noch drehen«, war die Antwort des Königs gewesen. So heißt es in der mittelalterlichen Chronik, in der das große Ereignis beschrieben steht, das man sich überall erzählte und bedichtete hat.

Daß nun die Trümmer droben, wo in einem Turmstumpf die Saiten einer Äolsharfe im Wind zu tönen beginnen, vor ihrem letzten Verfall gerettet wurden, hat man dem Dichter Justinus Kerner zu danken, der drunten am Berg, wo der steil ansteigende Weg zur Ruine beginnt, im Arzthaus wohnte. Oft war zwar in den Stuben, die nun zum kleinen Museum wurden, kaum noch ein Stuhl für weitere Patienten frei; oft war überdies das ganze Haus so sehr von Dichterfreunden, Verehrern und verehrenden Damen belebt, daß der Herr Amtsarzt Kerner und sein Rikele, seine umsichtig schaffige Frau, auf dem Dachboden schlafen mußten.

Dutzende berühmter Namen hat später der Sohn des Dichters, Theobald, im dicken Turm der Weibertreu, von dem die Grundmauern stehen blieben, in dessen Quadern einmeisseln lassen, Namen wie den des Edlen Nikolaus Lenau, der im Geisterturm im Doktorsgarten Gedichte und seinen »Faust« verfaßte, eine Dichtung in Versen. Über achtzig Namen von Poeten und anderen edlen Geistern hat der Steinmetz dort verewigt, vor allem die der Romantiker wie Brentano und Arnim, Freiligrath und Rückert, Tieck und Emanuel Geibel. Im Garten des Amtsarztes drunten trug, wie ein Gruppenbild aus jener Zeit es zeigt und wo oft ein zahmer Storch auf der Terrasse stelzte, Ludwig Uhland, Tübinger Dichter und Professor, seine Gedichte und alte Dichtungen vor, auch solche, die er neu in Frankreich entdeckte. Adelspersonen stellten sich bei dem gastlichen Dichter ein, der überdies als Arzt auf ungewöhnliche Weise, mit einem Nervenstimmer, einem Gerät aus kinderkopfgroßen gläsernen Kugeln, das im Museum steht, eine seltsame Kranke zu heilen versuchte, die Seherin von Prevorst. Ihr vergoldetes Grabkreuz sieht man mitunter von der bewaldeten Höhe bei Löwenstein über das weite Weinsberger Tal herüberfunkeln, aus einem der vielen Orte, von denen man auch ihre Weine rühmt.

Überallhin ins Land hat ja von Weinsberg aus die Staatliche Lehr- und Versuchs-Anstalt für Weine und Obst gewirkt, die Hohe Schule des schwäbischen Weinbaus.

So zeigt man auch gern im Schloß von Pfedelbach bei Öhringen ein großes Faß, angeblich das drittgrößte Deutschlands. Sobald es leergetrunken, konnte der Kellermeister öfters, wenn es ein guter Herbst war, seinen gefürsteten Herren von Hohenlohe-Bartenstein wieder erleichtert melden, daß wiederum mehr als zehntausend Liter neu eingefüllt waren! Aus den Talgründen

ziehen sich ja weit herum, wie zum graphischen Zeichnen verführend, die schnurgerade eingehauenen Weinbergpfähle an den Hängen hinauf und über Hügel hinweg.

Gern haben sich dort, in Pfedelbach, auch die französischen Noblen gütlich getan, die von 1790 an im dortigen Schloß, das man erst jüngst erneuert hat, eine Zuflucht vor den Jakobinern und vor der Guillotine fanden.

So kann man häufig, auch in abgelegenen Orten von Hohenlohe, die meistens um ein Schloß herumgewachsen sind und deren viele Residenzen waren, weit über das stille Land hinaus bedeutungsvolle Zeichen ihrer Vergangenheit finden.

So hat der Staufenkaiser Friedrich II., zwei hohenlohische Herren zu Governatori über die italienischen Marken berufen; beide, Gottfried und Conrad von Hohenlohe, seine getreuesten Paladine, stiegen dadurch zu den Mächtigsten seines Südreichs auf. Andere Herren von Hohenlohe haben in jener Zeit so fromm wie mutig, doch vielleicht auch abenteuerlustig, den langen weißen Mantel mit dem schwarzen Balkenkreuz der Deutschen Ordensritter angelegt. Reichsfürsten waren die hohen, politisch so wichtigen Ordensmeister geworden, die ihr prächtiges Schloß in Marienthal bauten, wie Bad Mergentheim früher hieß. Man erkennt ja landauf und landab an den Fensterläden mit ihren schrägen, schwarz-weißen Streifen, angefangen von Gundelsheim und vom Zweiradmuseum in Neckarsulm, einst einer Ritterburg, welche Burgen und Schlösser ehemals der Sitz von Deutschen Ordensrittern waren. Daneben entdeckt man pfälzische Wappen, das der Löwensteiner und mancher anderer Adelshäuser, die aber alle den württembergischen Hirschstangen weichen mußten. Als Wasseralfinger Gußrelief entdeckten wir sie in einer alten württembergischen Postwirtschaft, Anlaß für einen heimatkundigen Nachbarn am Tisch, von seinen einstigen hohenlohischen Herren zu sprechen: daß einer um 1900 Reichskanzler war, Reichsstatthalter von Elsaß-Lothringen; einer hatte in Rom den Kardinalshut getragen; einer war, um 1827 bis zum Marschall und Pair von Frankreich aufgestiegen, eine seltene Ehre, die

früher nur dem barock beseelten Moritz von Sachsen zu erreichen vergönnt war. Botschafter waren andere gewesen. So wären noch viele aufzuzählen. Man war und ist mit dem englischen König verwandt, in Holland mit dem Haus Oranien und im Schwarzwald mit den Fürsten von Fürstenberg an der Donauquelle. Ein Zar von Rußland hatte einen Herrn von Hohenlohe zu seinem Generaladjudanten befördert, während ein weiterer aus einem der vielen Schlösser, der geistlich war und Bischof wurde, als Wunderheiler von sich reden machte. Ihn hat man weit fort versetzt, nach Ungarn.

Eigentlich müßte man sich, hatte der heimatstolze Nachbar am Wirtstisch gemeint, bevor man Hohenlohe insgesamt durchstreife, auf einer Landkarte jener Orte vergewissern, nach denen sich an Jagst und Kocher die verschiedenen Familien und Zweige der Hohenloher nach ihren Stammschlössern nannten: Die von Öhringen-Pfedelbach, von Neuenstein, von Waldenburg und Bartenstein, von Ingelfingen, Langenburg und Kirchberg, dazu die Herren von Schillingsfürst jenseits der nahen Grenze zu Bayern.

Nicht vergessen sei freilich auch dies: Der ehemalige Postwirt hatte auf seiner Speisenkarte »Klein aber fein« als leichtes Gericht versprochen, aber dann zwei riesige Platten mit der strotzenden Auswahl seines biedermännischen Gasthofs serviert. Für jeden eine! Gutmütig redete er uns nachher zu: »Geben Sie sich ein wenig Mühe, dann wird es schon gehen!« Ja, ja, hier laute ein Volkswort, meinte der tröstende Nachbar dazu, man dürfe, wenn man ein Fleischgericht mit Kraut bestelle, das freilich dazugehörige Kraut vor lauter Fleisch nicht sehen!

So ähnlich hätte auch »der alte Gäwele« reden können. Gern zitiert man diese Volksgestalt mit ihren Gedichten und anderen Versen. Oft blitzt in ihnen eine ländliche Weisheit auf, und so ist er in seiner Öhringer Mundart nicht ganz ein Johann Peter Hebel, aber doch ein achtenswerter hohenlohischer Poet. Angeblich saß der Mundartdichter Wilhelm Schrader, wie er in Wirklichkeit hieß, oft gern in Öhringen im »Feuerrädle« beim Wein und dachte sich dort sein »Geschichtlich« aus.

Auch hier in der alten Residenzstadt, wo einst der römische Limes verlief und wo man zwei Kastelle und fünf Altäre ausgrub, ergeben sich, wie öfters unterwegs, auf engen Räumen Einblicke in verschiedene Epochen: hier der Marktplatz mit seinen Fachwerkhäusern. Drüben das Schloß mit seinen Volutengiebeln. Über den nahen Dächern ragt der spitze Turmhelm der Stiftskirche auf, in deren Krypta auch der Sarkophag der einst bedeutungsvollen Kaiserinmutter Adelheid wie geschichtlich verstaubt erscheint.

Aber man rufe sich ins Gedächtnis, daß mit Konrad II., ihrem Sohn, die ersten fränkischen, salischen Kaiser auf den Thron gekommen sind, und daß er seine Macht mit Umsicht genutzt hat, auch für die vielen Völker des Reiches und seine Armen.

Einst erlebten wir im Schloßhof, wie es Moritz von Schwind oder Spitzweg ähnlich in alten Kostümen gemalt haben könnten, die Ankunft von Gästen, wobei die Diener und die schwarz gekleideten Frauen mit weißen Rüschen im Haar über die doppelläufige Treppe auf und nieder eilten. Einst hatten die hohenlohischen Fürsten dieses Öhringer Renaissance-Schloß, wo eine leichte Brücke über die Ohrn hinweg in den Hofgarten führt, als Residenz bevorzugt. Sie ließen auch ein Hoftheater bauen, auch eine freundliche Vorstadt mit einem Torbogen über die Straße, wie ein Triumphtor.

Von dort aus führt nur wenige Kilometer weit eine ländlich schöne Allee zu einem respektablen Landschloß, wo man »fürstlich« einkehren kann, Friedrichsruhe, mitten im hohen Laubwald gelegen. Dort darf man sich, wie Filmemacher dies lieben, eine alte Fürstin auf einer Couchette vorstellen, der eine jüngere Dame aus einem Buch vorliest: Eugenie Marlitt ihr Name. Hier hat sie als höfische Vorleserin in einer adeligen Umwelt die Kulissen und Menschen vor Augen gehabt, die ihr als Vorbilder dienen konnten, als »die Marlitt« selber ihre gemütsreich mitleidsvollen Romane schrieb. Rasch war die bescheidene Vorleserin damals berühmt geworden. Mindestens »Das Geheimnis der alten Mamsell« haben die Damen und Küchenmädchen zu unserer Großmütter Zeit in der »Gartenlaube« gelesen, gespannt und bewegt von ihren edelmütigen Liebesromanzen, die man einst wie die Romane der Hedwig Courths-Mahler oft unter Tränen der Rührung las.

Einen in anderer Art erstaunlichen Einblick in die hohenlohischen Residenzen vermittelt jedoch am besten das Museum in dem machtvoll aus Wassergräben aufsteigenden Schloß Neuenstein mit dem Gedränge seiner hohen Mauern, den verschiedenartigsten Türmen und hoch hinauf verzierten Giebeln. Zum Teil sind sie mit Efeu überwachsen.

Dort hat man nämlich in vielen Sälen, Kammern und Korridoren zusammengetragen, was aus den verschiedenen Schlössern des weit verzweigten Geschlechts ausgestellt zu werden verdient, beginnend im Erdgeschoß mit der riesenmäßig zu nennenden Küche, ein Zeitbild aus dem Mittelalter, wie sie Heinrich VIII., der Schlemmer und Vielfraß, Gourmet und Gourmand, in Hampton Court bei London mit mächtigen Bratenwendern und Herden einbauen ließ, mit langen Borden voller Geschirr, mit Kupferkesseln, Kannen, Feuerkluven. Hoch über dem Dampf und Dunst und allen Gerüchen thronte dort der Küchenmeister, wie in einem Breughelschen Schlaraffenland.

Draußen im Flur hat man dagegen, wie einen Marstall besonderer Art, eine Reihe von zierlichen Schlitten hintereinander aufgestellt, so daß man im Winter gleich mit warm verpackten Kindern oder mit Damen in Pelzen und Muffen hinausfahren möchte in die verschneiten Straßen, einen Schwanenhals als Bugfigur, ein Hirschgeweih, ein Leuchterweibchen. Daneben sind an den Wänden, teils in hochverglasten Schränken, höfische Kostüme und Trachten aufgereiht, Krinolinen und pastell getönte Fräcke, kecke Hütchen und breit umrandete Männerhüte, daneben Stock- und Stall-Laternen, mit denen galonierte Diener ihren durchlauchten Herrschaften heimleuchten konnten.

Droben, in einem der Korridore, ließ einer der Herren eine ganze Wand, Bild an Bild, fast ohne Nähte dazwischen, mit den Porträts seiner dänischen Offizierskameraden behängen, ein Kuriosum, wie man hier manche aus der Raritätenkammer, wie sie in vielen Schlössern beliebt war, bewahrt hat. So liegt hier als Absonderlichkeit ein Feldherrnhut von Gustav Adolf, dem Schwedenkönig, dort ein bestickter Pantoffel der Kaiserin Maria Theresia. Golden leuchtet ein Bußgeschenk von Nachbarn, die gewildert hatten: ein Pokal in Gestalt eines Hirsches. Daneben lösen die Intarsien alter Möbel Entzücken bei den Freunden von Ebenisten aus, dazu im Renaissancegeschmack beschnitzte Schränke, andere mit barocken Säulchen. Neben Porzellangeschirren locken anmutige Figurengruppen die Augen an, Kronleuchter mit Kristallgehängen, Samtkissen voller Münzen. Nahezu eintausend Ölgemälde, Porträts von Fürsten und ihren reich gekleideten Damen und viele andere Stücke verwirren fast die Betrachter, und manchem verschlägt es vor Überraschung die Stimme, wenn sich die Flügeltüren des hallenartigen Kaisersaals mit seiner prunkenden Kassettendecke auftun, die einst der Stolz der Kirchberger Schloßherren war.

Hier, in Neuenstein, wo nun kostbarste, ledergebunde Bücher die mächtige Bücherwand füllen, haben einst die Kaiser Maximilian und Karl V. getafelt. So glaubt man auch hier einen weltpolitischen Atem zu spüren. Damals verliefen ja ohnedies die wichtigsten Straßen anders als heute, und so fielen auch häufig Entscheidungen dort, wo man sich heutzutage abseits im wenig belebten Land meint. Von jenem lebhaften Weltgetriebe, an dem die Fürsten des Landes immer beteiligt waren, zeugt auch die Fülle von Dokumenten, die man hier, im größten deutschen Privatarchiv verwahrt, das einzige in staatlicher Verwaltung.

Drunten, wieder durch die Straßen gehend, fällt an einem der Bürgerhäuser eine große Gedenktafel auf, die einen würdigen Herrn mit einer fein gekräuselten Allongeperücke zeigt: Johann Wolfgang Textor, der Ur-Ur-Urgroßvater Goethes von der Mutterseite her. Hier ist ja auch dadurch Goethesches Land, daß sein Götz hier gelebt hat und, wie es Chronisten behaupten, oft an der vielbefahrenen Straße nach Nürnberg im Hinterhalt lag. Nun warten hier, unweit entfernt, in Jagsthausen, im Burghof, die Theaterbesucher eigentlich nur darauf, wie der Theatergötz von heute sein berühmtes Zitat von einem Fensterchen im Turm herunterschmettert.

Auch in Schöntal, dem wahrlich schön zu nennenden Jagsttal, wo früher künftige Pfarrer das berühmte Seminar besuchten, ist der Herr mit der eisernen Hand gegenwärtig, dort in letzter Stille. Auf seinem Grabstein betet er nämlich, demütig kniend, neben Epithaphien anderer Berlichinger. So bieten sich hier unvermutet nacheinander interessante Ziele an. Aber der »Schwager«, wie man in dieser Landschaft zu sagen versucht ist, an Eichendorff denkend, stößt zwar nicht mehr mahnend ins Horn. Er hupt. Weil wir weiter müssen. Geradewegs nach Künzelsau, wobei wir beim Vorüberfahren rechts überm Wald das herrlich von seinem Bergsporn als Silhouette abgehobene Waldenburg betrachten, das 1945 wie im Mittelalter erobert werden mußte: über Leitern kletterten die Männer aus den USA in die durch malerische Mauern, Gräben und Türme reizvolle Landstadt hinein. Außer der Landstraße führt dort die Brunnenstaffel aus vielen Stufen hinauf, und es ist eine Feinheit, daß droben die Leute ihrem höchsten, vierkantigen Stadtturm, dem Lachner-Turm, den Namen ihres letzten Turmwächters zugesprochen haben, der Lachner hieß.

Weiter nördlich konnten wir auch kurz in Ingelfingen rasten. Anmutig wölbt sich diese einstige Residenzstadt über dem hier flach verbreiterten Kochertal auf einer Schwelle der Rebenhänge, wobei das lang hinausgedehnte Schloß das Stadtbild aus den wie nahtlos aneinander gebauten Häuser beherrscht. Da und dort in der Stadt, die sich um eine einzige Straße drängt, entdeckt man Wappenreliefs an Häusern, in denen ehemals »der Keller« saß, der Vogt eines adligen Herrn, für den er die Abgaben eintreiben und abliefern mußte. Rebstöcke wuchern an Häusern hinauf. Andere Bürgerhäuser sind mit kastenartig vorspringenden Erkern verziert. So summieren sich Einzelheiten, während im »Schwarzen Hof« mit seiner Umgebung aus dunklen Fachwerkbauten, wo eine offene hölzerne Stiege zu der den Hof

halb umlaufenden Galerie hinaufführt, eine eigentümliche Stimmung herrscht. Im Kurgarten schießt eine hohe Fontäne empor. Droben, wo die Rebenhänge in Bauernfelder übergehen, steht eine Ruine, unweit entfernt in der Au ein rundes nach oben verjüngtes Denkmal mit Plaketten eines einst glücklich hier lebenden Fürstenpaares. »Kasimir« haben die Winzer den besten Weißwein, der hier gedeiht, nach einem der Fürsten genannt, die in der biedermeierlichen Vorstadt in einem kegelförmigen, ungewöhnlichen Bauwerk, das wie ein Trullo in Apulien aussieht, eigenes Geld machen ließen.

Uns zwang jedoch ein Straßenschild und das eigene Herz, guter Erinnerungen voll, nach Schwäbisch Hall zu fahren, woher der Heller kam, einst eine abendländisch weithin geläufige Münze. Deshalb fuhren wir zunächst, das ferne Ziel im Sinn, nach Künzelsau, der früheren Ganerbenstadt, in der man vielleicht, wenn man Glück hat, einen farbigen Krämer- oder Pferdemarkt erlebt und wo das Rathaus mit seinem Holzgebälk zwischen zwei Straßen den sichtbaren Mittelpunkt bildet, um den sich das Leben der Stadt bewegt. Pünktlich zur Mittagsstunde erschallen als Blasmusik Choräle vom Stadtkirchturm. Man sollte dort, in der Kirche selber, die Kanzel des Michael Kern betrachten, ein Werk der Renaissance von einem der viel zu wenig beachteten Meister aus Forchtenberg, der von Mauern umzogenen hohenlohischen Landstadt. Ihnen, den Brüdern Kern und anderen Künstlern ihres Namens, ihren Kanzeln, Altarfiguren und anderen Bildhauereien begegnet man landauf, landab, tüchtige Landeskinder, mit einer jeweils mehr als handwerksmeisterlichen Kunstbegabung.

In Künzelsau, wo eine Zeitlang auch hohenlohische Herren im Schloß regierten, erinnern jetzt noch der Würzburger Bau, das Comburger Amtshaus, das Mainzer Haus und das Stetten'sche Amthaus an die vier Besitzer der Stadt. Ihre Wappen sind nun ein historischer Schmuck am Rathaus, wo man neben den Leoparden der Hohenlohe auch die drei roten Beile der Herren von Stetten erkennt, zu deren Burg auf dem Berg man hinauffahren müßte.

Dann trabt vielleicht gerade in dieser Doppelburg, auf dem Brücklein über den Halsgraben reitend, ein Trupp von jungen Reitern durch den Torturm, während seitwärts im Vorhof wie auf Romantiker-Bildern ein Hochzeitszug die Burgkapelle verläßt.

Nachher hat uns im nächsten Ort, in Kupferzell, eine ländlich freundliche Frau, die Blumen auf einem uralten Grab goß, an die Kirchhofsmauer vor die marmorweiße Erinnerungstafel des »hohenlohischen Demokrit« geführt, des »lachenden Philosophen« Carl Julius Weber, des viel gereisten, viel belesenen und humorigen Geistes aus Langenburg, der oft in höfischen Diensten lebte; hier starb er 1832. Wer ihn an seinem Grab besuche, das hinterließ er als seinen besonderen Wunsch, der möge, anstatt verwelkende Blumen zu bringen, lieber eine Zigarre rauchen. Er hatte wohl selbst, obwohl er mehr als dreißig Bände voller Gelassenheit und verborgenem Witz hinterließ, darunter »Briefe eines in Deutschland reisenden Deutschen«, die Beruhigung solchen Rauchens als Fürstendiener oft nötig gehabt.

Irgendwo hat man hier auch den Pfarrherrn J.F. Mayer zur Ruhe gebracht, einen der lebenspraktischen Pfarrer, deren es manche im Land gab wie den Mechanikus Philipp Matthäus Hahn, der Waagen und andere technische Wunderwerke ertüftelt hat, oder den Landpfarrer Flattich, den auch sein strenger Herzog Carl Eugen, als merke er die bauernklug und fromm verbrämte Pädagogik nicht, als seinen Präzeptor gelten ließ. Jener Pfarrherr Mayer, den man den »Gipsapostel« nannte, hat seine Bauern nicht nur dazu beredet, Kartoffeln zu pflanzen, sondern auch ihre Felder mit Kalk zu düngen, und wie sie nutzvoll wirtschaften sollten. Unberühmt wäre Kupferzell geblieben ohne diese beiden Männer, so ländlich verwunschen wie das Schloß und sein Schloßteich, den Monet gemalt haben könnte. Reisende leben ja oft durch einen Eindruck oder durch Stimmungen wie verwandelt auf, wie aufgenommen in die neu erlebte Natur, und so fahren auch wir, wie lustvoll von ländlicher Anmut und von der weiten Ebene berührt, die sich nordwärts mit ihren fruchtbaren Feldern erstreckt, endlich nach Schwäbisch Hall, wo hölzerne Stege aus schwerem dunklem Gebälk mit Ziegeldächlein den malerischen Vordergrund der hoch hinaufgebauten Stadt beleben, ein unvergessliches Ensemble mittelalterlicher Häuser, in die man ganze Wälder verbaut hat. Will es der Zufall eines Sommerabends, dann wird uns dort, vor der breiten, wie eine Schleppe aus Stein von der Michaelskirche herabgestuften Treppe eine Freilichtaufführung zuteil, vielleicht mit dem gespenstisch im Narthex der Kirche auftauchenden Tod im »Jedermann«. Dann weht uns auch hier kaum Sagbares mit jener heimlichen Macht an, die manchmal Dichtungen innewohnt.

Ohnedies tun sich in dieser giebelreichen, winkeligen Stadt an jeder Ecke neue Szenenbilder auf, wo man vermuten könnte, dem Studenten von Prag oder dem Dr. Faust begegnen zu können, der in der Unterstadt in einer Weinwirtschaft gezecht haben soll. Vielleicht ist auch er, der immerfort Zweifelnde, Forschende, Ringende, wie inneren Ausgleich ahnend, von dort aus hinausgewandert zur Comburg, einer hällischen Gralsburg. Der Osterspaziergang hätte sich dort vor den Toren abspielen können.

Mit einem mächtigen Kronreif aus Stein hat man die benediktinische Klosterfestung mit ihren Mauern, Wohnbauten, Türmchen und der machtvoll aufragenden Kirche mit ihren romanischen Türmen verglichen. Dohlen, die in Mauerlöchern ihre Unterschlüpfe haben, werfen sich, wo sich der Umlaufberg steil zum Kocher hinabsenkt, wie taumelnd in die Lüfte. Schwalben hatten sich in die hohen Gewölbe der Kirche verirrt.

Dort verharrt wohl jeder Kunstfreund beeindruckt vor der vergoldeten Altarfront, dem Antependium, und vor dem riesigen, ebenfalls kupfervergoldeten Radleuchter, der von der Decke niederhängt. Beide sind unvergleichliche Stücke der ars sacra, und so ist auch hier die Zeit der Hohenstaufen gegenwärtig, denen die Klosterburg einmal gehörte. Zwergsäulen über dem Eingangstor und am rittermäßigen Zentralbau im Klosterhof machen dies deutlich.

Irgendwo treten auch unter neueren Bauten die aus der Renaissancezeit stammen, jene typischen Buckelquadern zutage, wie sie zur Stauferzeit behauen wurden. Was alles wäre hier noch zur Erinnerung einzuprägen? Die Tiersteiner Dame, das schlichte, vornehme Grabmal einer lieblich lächelnden Adelsdame, wie fern der Welt. Bauten, Wehrgänge, Stukkaturen, ein Peter- und Paul-Altar von Michael Kern. Und wieder scheint man auch hier dem üblichen Zeitbewußtsein entrückt.

Wie überwältigend ist jedoch, sobald wir wieder durch Schwäbisch Hall hindurch und dann ein Stück weit nordwärts fahren, die Gegenwart durch ein technisch kühnes Bauwerk, das man hier kaum vermutet, sinnfällig offenbar. Ein Bild von morgen. Mehr als einen Kilometer weit erstreckt sich nämlich abseits im Land die Autobahnbrücke, die man vom Tal aus ansehen sollte. In mehr als Kirchturmhöhe (185 Meter hoch) liegt sie als knapp konturierter, heller Strich aus Beton auf wenigen schlanken Streben über das ganze Tal hinweg, ein selbstverständlicher Anblick von heute und doch wie eine Vision.

Doch das Erstaunen weicht einem anderen, wenn unser Blick auf Dörfer wie Braunsbach fällt, wo walzenrunde Türme und ein Torhaus dem ländlichen Schloß seine Würde geben, oder wenn man, im Talgrund unterhalb von Langenburg dessen Türme und Mauern droben über den Baumwipfeln sieht, oder wenn man bei Regenbach, wo man die Krypta einer geschichtlich fast verschollenen Kirche mit mächtigen Säulen ausgrub, und wenn man unfern daneben eine aus klobigen Balken aufgezimmerte Archenbrücke mit ihrem Steildach entdeckt.

Unwillkürlich lösen ja solche Veduten Empfindungen aus, die man, wie oft unterwegs, wie ein Wohlbehagen und dennoch wie unerklärlich verspürt, als bahnten sich neue Erlebnisse an.

So ist es auch droben, wenn man die Residenzstadt Langenburg betritt, wo im Sommer in der fast einzigen breiten Straße und am Marktplatz die Luft vom Duft ihrer blühenden Linden erfüllt ist. Dazu leuchtet es überall farbig aus Blumenkästen, auch am Rathaus, einem Fachwerkhaus mit

geometrisch klar gefügtem Gebälk. Dort sei, erfährt man, hinter einem der weiß umrandeten Fenster der in Kupferzell ruhende, hohenlohische Demokrit zur Welt gekommen, Carl Julius Weber. Nicht weit entfernt von hier, nur ein Stück Straße weit, hat Agnes Günther gelebt (von 1891 bis 1906), Gattin des Herrn Dekan im Dekanatsgebäude. Er hatte ein heimatgeschichtliches Werk verfaßt, »Das kirchliche Leben in Langenburg«. Dann hatte sich neben ihm seine tüchtige Pfarrfrau, eine Stuttgarterin, ihren Roman »Die Heilige und ihr Narr« ausgeträumt, durch den viele Tausend Leser gerührt worden sind. Wie Wallfahrer streben heute noch begierige Leser den einsamen Schlössern, Wäldern und Tälern zu, nach Langenburg auf seiner Höhe, nach Tierberg und nach Morstein, die im Roman der Agnes Günther zwar andere Namen tragen, aber leicht erkennbar sind. So erweist sich auch hier, welche Wirkung von Büchern auszugehen vermag, wenn Leser oder Leserinnen hinter dem Unwirklichen der Wörter die Wirklichkeit suchen und sie so finden, wie sie sie finden wollen.

Als dritte Berühmtheit von Langenburg, die über die Straße hinüber in ihrer Backstube stand, muß man, den süßen Vanille-Nachgeschmack noch im Gedächtnis, den braven Bäckermeister Wibel nennen; ihm fielen, wie man erzählt, versehentlich kleine Kleckse eines Biskuitteiges auf ein Backblech. Nachher, als er es aus dem Ofen zog, hatte er mit dem winzigen Zufallsgebäck etwas Neues erfunden! »Wibele« nannte er die kleine Köstlichkeit, durch die er Hoflieferant nicht nur in England, sondern auch an anderen Fürstenhöfen wurde. Gern nehmen auch die Fremden diese leckeren »Wibele« in spitzen Tütchen mit heim. Sie tragen zusätzlich wohl zu der Verzauberung bei, mit der viele Gäste, nun mit den Augen der Agnes Günther das Schloß und die Gärten durchwandern, vorbei am steinernen Schilderhaus und an einem der vier mächtigen runden Türme. Ringsum verlaufen Galerien, wie lange Balkone mit ausgekehlten Ornamenten im Schloßhof, der etwas Südliches an sich hat und wo man Feste feiern könnte, wie sie der Mensch der Renaissance geliebt hat. Aber den Wißbegierigen mag es genügen, über den »Bretternen Gang« im Schloß an Waffen, Gemälden, Standarten und Uniformen in Glasvitrinen vorbei, dazu in vielen anderen Räumen einen Fürstensitz zu durchstreifen, wo manchmal sogar Verwandtenbesuch aus England, die Königin, das hohenlohische Land genießt. Überall bieten sich ja die schönsten Ausblicke an.

Auch wäre in der Stadt noch der alte Marstall zu besuchen, in dem jedoch, anstatt der fürstlichen Pferde von einst, seit neuester Zeit Oldtimer anzusehen sind, rassige Autos von gestern, jetzt eine museale Sammlung, ein Tribut an das Heute.

Doch der bleibendste, ganz stille Eindruck mag abends der Blick vom fürstlichen Rosengarten am Hang hinunter in das von leichten Schleiern vernebelte Tal der Jagst sein. Dort ziehen vielleicht ein paar Reiher mit stetigen Flügelschlägen zu ihrem Horst an der Biegung zurück, während im Bächlinger Pfarrgarten drunten ein Kauz aus hohen Tannenwipfeln ruft.

Aber wie meistens beim Reisen und Rasten, wenn endlich der Ort erreicht ist, der bis dahin ein Ziel war, überlegen auch hier am Nachbartisch ein paar Touristen, über Straßenkarten gebeugt, wohin man eigentlich von hier aus weiterfahren könnte? Da bietet sich ostwärts Kirchberg an: Über der steinernen Bogenbrücke das lang auf seinem Bergrücken mit ebenmäßigen Mauern hingelagerte Schloß; irgendwo spitzt ein röhrenrunder, schmaler Turm als Luginsland weit über die Giebel hinaus; spitzhütig ist sein Helm, der einmal fast zinnoberrot von weither zu erkennen war. Wie still es hier ist.

Abseits von dieser idyllischen Stadt fahren die, die es wissen, vielleicht ins hochgelegene Bauernland, wo weit umher kein Dachfirst sichtbar ist, kein Huhn, keine Katze, vielleicht Fasanen, Bussarde in der Luft. Ihr Ziel ist die Anhäuser Mauer, ein Überbleibsel eines Klosters nach dem Bauernkrieg. Nur ein zwanzig Meter hohes Mauerstück erhebt sich dort mitten im Kornfeld, hoch droben blieb ein Trägerdienst eines gotischen Netzgewölbes erhalten; mannshoch über dem Boden stehen in der Mauer ein paar tiefplastisch ausgehauene Epitaphien der Ritter von Bebenberg, der Stifter des Klosters, das nun der Ackerboden geradezu in sich eingesaugt hat.

Doch der Kunstfreund meinte, man müsse zur Kirche in Stuppach fahren, um dort vor dem Bild der Madonna, dadurch vor ihrem Maler, Matthias Grünewald, eine Art Andacht zu halten. Dann wäre es nicht weit von dort aus, schlug der Historiker vor, in die an Kirchen reiche Stadt der Deutschen Ordensmeister, nach Bad Mergentheim.

Dort fühle man sich, umgeben von Renaissancefassaden nicht nur im Schloß, das man durch hohe Säulenportale betritt, sondern auch vor den Häusern der Stadt vom Geist der Residenz von einst umgeben. Anno 1826 hatte ja ein Schäfer die Bitterquelle entdeckt, weil seine Schafe dort am liebsten das Gras abfraßen; dann war die uralte Stadt im weinumstandenen Taubergrund zum weltberühmten Badeort geworden. Damals hatte für die bis dahin hochmeisterliche Residenz, zumal der alte Ritterorden zu bestehen aufgehört, die neue Zeit begonnen.

»Nach Weikersheim!« riet ein anderer am Tisch, der den hallenartigen Festsaal des Schlosses mit seinen Deckengemälden in ihrer Kassetten-Umrahmung vor Augen hatte, meistens Bilder von höfischen Jagden, dazu die seltsamen Tiergemälde an den Wänden, die teils gemalt sind und die teils plastisch aus der Wand vorspringen, Hirsche, Rehe, Gemsen, ein kalkheller Steinbock. Darunter hat man ringsherum Porträts von Fürsten und ihren Damen aufgehängt, während das Innenportal mit seinen Ritter- und Landsknechtsgestalten, Löwen und einem St. Georg, dem Drachentöter, wie ein Lettner mit seinen Festons und Ornamenten den Raum begrenzt, ein festliches Bildhauerwerk.

Eine ähnliche Überfülle an Marmorfiguren wird auch im Schloßpark mit seiner Orangerie und mit Fontänen in Teichen und Wasserbecken zum wechselvollen Panorama. Im Sommer, wenn die Sonne die unfern sanft ansteigenden Wingerte und ihre Trauben glühen läßt, kann man sich hier in jeweils anderen Perspektiven, wenn die Springbrunnen glitzern, zurückversetzt fühlen in jene Zeiten der Schloßherrschaften, in denen zu deren Dienerschaft mehr als fünf Dutzend Chargen gehörten, Domestiken wie der fürstliche Leibarzt und Hofmusikant, der Küchenschreiber, Kellermeister und Hofbarbier bis zu den würdigen Beschließerinnen und den Kammerzofen. Mehr als ein Dutzend von ihnen haben die Brüder Sommer aus Künzelsau außer den vielen Göttergestalten, die den Park beleben auf einer Gartenbalustrade, wo das weite Parkett beginnt, als groteske Figuren, wie aus einem Lustspiel von Goldoni, aufgestellt. Einer der Kammerfrauen sieht man den Stolz auf ihren Schlüsselbund an; ebenso ihrer Bedeutung bewußt, trägt eine andere das Schoßhündchen seiner Herrschaft auf dem Arm.

Uns lockte jedoch noch ein anderes Schloß, das an der einzigen Straße seiner Ortschaft liegt: Bartenstein, in dessen Mittelrisalit ein hoher Dreiecksgiebel das Hauswappen zeigt. Bauerngehöfte und die Häuser von Hofbeamten bilden den residenzlich-ländlich gebliebenen Ort, wo vieles zeitlos scheint.

Vor nahezu zweihundert Jahren war jedoch diese heute weltentlegene Ortschaft erregend belebt gewesen, als der Fürst Ludwig Aloysius von Hohenlohe-Bartenstein ein eigenes Regiment anwerben und exerzieren ließ. Hier hatten nämlich, wie im Dorf und Schlösschen Pfedelbach, gleichfalls französische Truppen, die ihre Pferde an dem schönen Hofbrunnen tränkten, im Quartier gelegen. Sie und der kriegerische Reichsfürst, der Napoleon haßte, waren der Hoffnung gewesen, im Verein mit den Truppen anderer Fürsten den Sanscoulotten und später dem Kaiser Napoleon Paroli bieten zu können. Das hat ihn viel Geld gekostet. Dafür hat ihn la Grande Nation mit der Würde eines Marschalls und Pairs von Frankreich geehrt. Seltsam: er starb in Lunéville (1829), wo früher (1801) viele Grenzen und Machtbereiche in Europa durch Napoleon verändert worden waren, auch in Hohenlohe.

Hier, an der schönen Bartensteiner Brunnensäule, dürfte Jahrhunderte vorher auch der Ritter Götz von Berlichingen öfters angehalten haben, der eine Zeitlang oberster Hauptmann der Bundschuh-Bauern war, den aber bündische Reiter ganz in der Nähe, beim Dorf Blaufelden, aufgegriffen hatten. Dann mußte er unterschreiben, in seiner Haftzeit auf Burg Hornberg am Neckar kein Pferd mehr zu besteigen; aber er durfte es später doch, als ihn der Kaiser wieder für eigene Zwecke nützlich fand.

So wechseln Ungunst und Gunst, so, wie der idyllische Marktort Schrozberg lange den örtlichen Adelsherren Schrot von Schrozberg und einmal zur Hälfte den Berlichingen gehörte, zwischendurch dem Hause derer von Adelsheim, bis es endgültig wieder hohenlohisch wurde (1609). Zeitweilig hatte dann dort ein hohenlohischer Herr residiert, der sogar einen Tiergarten anlegen ließ. Stallschweizer betreuten sein Vieh, die gute hohenlohische Rasse, die man zur Viehversteigerung aus der ganzen Landschaft im nahen Blaufelden zusammentrieb. Seine Fuhrleute hatten zudem nicht weit, wenn sie Milch und Butter nach Rothenburg brachten, der ob der Tauber über ein hohes Plateau hinweggewachsenen Stadt, die der große Kunstgelehrte Dehio mit ihren vielen mittelalterlichen Szenerien »als Ganzes ein Museum« nannte.

Dort tut jeder Fremde gut daran, der über vierzig Türme zählen kann, den Wehrgang zu ersteigen. Über drei Kilometer weit führt dieser Mauerweg an rötlichgrau verfärbten Ziegeldächern, an Patrizierhäusern und an schmalen Fachwerkgiebeln entlang, an Kirchen, Stadttoren, Mauerpforten. Hier Altanen und Staffeln, dort Brun-

nen. In die freundliche Landschaft hinaus, wo die »Landhege« oder Landwehr eine weitere Befestigung aus Hecken und Wällen war, und in die Gassen und Höfe hinein schweifen die Blicke von diesem hohen, romantischen Pfad aus, an Mauerluken für Geschütze von einst vorbei, an Schießscharten, Balkengeländern, wo Maler und Fotografen auf Schritt und Tritt Motive finden, hier den grazilen Rathausturm mit seinen sich verjüngenden Geschossen, dort Bastionen und Zwinger, Madonnen an vielen Häuserecken und zipfelmützig steil aufragende Firste über Fachwerkfassaden. Am Plönlein, der wohl am häufigsten abgebildeten Stadtpartie, führt die gepflasterte Gasse wie eine geöffnete Schere, teils abwärts, dann aufwärts und durch einen Torweg. Hier hätte Spitzweg zwei Leben gebraucht, wo auch kritisch kühle Geister unwillkürlich im alten Sinne Malerisches als Augenlust wieder entdecken.

Auch locken neben den Idyllen die balladesken Theater-Szenen des Rothenburgischen Meistertrunks die Besucher der Stadt an, ein Schaustück mit dem Gewimmel farbiger Kostüme. Es geht darin um einen Bürgermeister, der, um seine Stadt vor ihrer Verwüstung zu retten, einen riesigen Humpen Wein in ununterbrochenen Zügen austrinken mußte! Und es gelang ihm, standfest, trinkfest. Diese grausam ausgedachte Probe mit ihrem »schwarzen Humor« ist hier zum Drama geworden, zum Festspiel, um das sich die Fremden drängen. Landsknechtstrommeln und Fanfaren durchtönen

dabei die Stadt. Rüstungen rasseln. Fröhlicher geht es zu bei den Schäfertänzen mit Dudelsäcken und bunten Bändern an den Geigen, mit Klarinetten und Flöten. Anderswo werden in fränkischem Hochdeutsch Hans-Sachs-Spiele aufgeführt. Auch dort ergehen sich vor diesem farbig erweckten Mittelalter staunende Gruppen aus aller Welt, auch Männer mit Cowboy-Hüten. Ihnen allen vergeht jedoch ihre Lustigkeit, wenn sie das Reichsstadtmuseum mit seiner Folterkammer betreten.

In anderer Art wirkt aus der inneren Stille der St. Jakobs-Kirche der packende Heilig-Blut-Altar des Tilman Riemenschneider, dem man in dieser fränkischen Landschaft, die seine Heimat war, von Würzburg bis Volkach am Main in seinen Holzschnitzereien immer wieder begegnet. Nicht weit entfernt von Rothenburg, drunten im Tal, wo in der Mauerluke der Kirche noch ein altertümliches Totenlicht leuchtet, hat man auch in Detwang einen seiner herrlich faltenreichen Schnitzaltäre aufgestellt.

Doch die Wissenden zieht es auf ihrer Pilgerreise der Kunst nach Creglingen in das abseitige Tal mit der legendenhaft entstandenen Herrgottskapelle weit vor der Stadt, wo vor Riemenschneiders wohl schönstem Altar viele Betrachter ergriffen verweilen, am meisten bewegt vom unvergessbaren, lieblichen Ausdruck der mädchenhaft schönen Madonna.

Heilbronn

Deutschordensschloß in Kirchhausen

Heilbronn

Rathaus mit astronomischer Kunstuhr und Käthchen-Hochzeitszug

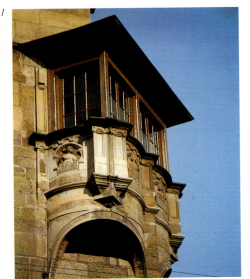

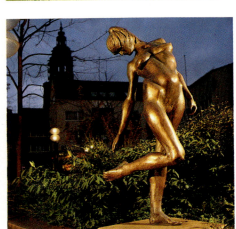

59

Weinsberg

*Badegebäude
eines römischen
Gutshofes*

Blick auf die Stadt mit der Burgruine Weibertreu

Öhringen

Marktplatz

Schloß und Stiftskirche vom Hofgarten aus

Neuenstein

Schloß

Waldenburg

Schloß und Lachnerturm

Unten: Blick auf die Hohenloher Ebene

Jagsthausen

Schloßhof, Schauplatz der Burgfestspiele

Götzwappen

An der Jagst bei Jagsthausen

Friedrichsruhe
Künzelsau
Kupferzell

1   Schloß Friedrichsruhe
2   Künzelsau, Schloß
3   Künzelsau, Rathaus
4   Kupferzell, Schloß

Schloß Stetten
Burg Tierberg

1   Schloß Stetten, Torhaus und Wehrmauer
2   Schloß Stetten, Burgkapelle
3   Burg Tierberg

Schwäbisch Hall

Marktplatz Schwäbisch Hall gesehen vom Turm von St. Michael

Klosterburg Comburg bei Schwäbisch Hall

Döttingen

Döttingen

Kochertal-Landschaft

Schloß in Braunsbach

Langenburg

Straßenbild

Stadttor

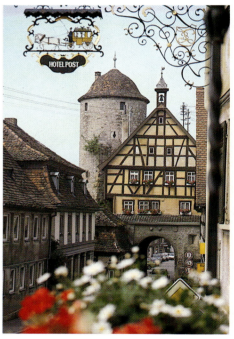

*Oldtimer aus dem
Deutschen Automobilmuseum*

Langenburg

Schloßeingang

Jagsttal-Landschaft

Blick von Langenburg ins Jagsttal mit Bächlingen

Jagsttal-Landschaft

Holz-Archenbrücke über die Jagst bei Unterregenbach

Blaufelden

Schrozberg

St. Ulrichskirche in Blaufelden

Schloß

Bartenstein

Barockschloß

Rothenburg

Plönlein mit Sieberturm

Rödertor

Markusturm und Röderbogen

Gerlachschmiede

Topplerschlösschen

Rathaus

Rothenburg

Heiligblut-Altar von Tilman Riemenschneider in der St. Jakobskirche

Wo die Wasser südwärts fließen
Über die Frankenhöhe nach Nürnberg

Uns führte jedoch der weitere Verlauf der Burgenstraße, die nun die ebene Frankenhöhe durchquert, tief hinein ins fränkische Bayern, zuerst zum Schillingsfürster Schloß. Bereits um 1300 hatten dort, nicht weit entfernt von Rothenburg, hohenlohische Herren auf einem mäßig hohen, ebenen Hügel eine Burg errichtet.

Weit reicht der Blick nun von den vielen Fenstern des weißen Schlosses aus über das ruhige Land hinweg. Einst waren hier, wo die Altmühl und die Fränkische Rezat nach Süden strömen, zur Donau, die hohenlohischen Herren in das staufische Südreich oder als Ordensritter ostwärts gezogen, immer im Sinne und Dienst des Reichsgedankens.

So hatte auch als führender fränkischer Edelmann, dessen Nachbarn in Ansbach dem Haus Hohenzollern entstammten, der Fürst von Hohenlohe-Schillingsfürst vor einem Jahrhundert zwischen dem König von Preußen und dem Bayernkönig Ludwig II. zu vermitteln verstanden. Es scheint dabei ein Widerspruch, war aber wohl versöhnend gedacht, daß ein Bruder des Fürsten Chlodwig, da man offenbar Namenssymbolik liebte, Gustav Adolf getauft worden war. Denn Soldaten des Schwedenkönigs dieses Namens hatten den weithin sichtbaren Herrensitz niedergebrannt.

Umso prächtiger, mit vierhundert Fenstern, ließ ein späterer Hohenlohe das neue Schloß errichten, und übrigens ist der Träger des so verdächtig evangelischen Namens Kardinal in Rom geworden. Er war dort mit Liszt befreundet. Hier, auf der weltentlegenen Frankenhöhe, hat er dem vielbewunderten Künstlerfreund und Abbé ein Denkmal gesetzt, ein Akt der Huldigung, der zu der Stimmung des Fin de siècle paßt, das man in vielen Schlössern dieser Landschaft zu verspüren meint.

Jetzt scheinen die Damen und Herren von einst von den Wänden herab mit ihren förmlich gemalten Gesichtern stumm über die Fremden hinwegzusehen. Mit ihrer einstigen Lebensart haben sie damals in silbernen Jugendstilvasen aufgehäufte Ansichtskarten ihrer Lieben gesammelt, die die übliche Reise nach Rom, Neapel und Capri machten; auch sie sind ein Indiz. Wie tickende Uhren, die man oft in Schlössern, die zu Museen wurden, aufzieht, wie frische Blumen in den Vasen sind solche Einzelheiten wie biographische Notizen über die Bewohner, die man hinter den nächsten Türen vermutet und die man nicht stören möchte.

Aber dann fesselt uns wieder der Ausblick aus einem der vielen, hohen Fenster. Wie Meereswellen, die man von einem höheren Punkt aus sieht, nicht hoch oder tief erscheinen, sondern wie abgeflacht und erstarrt, so fügen sich hier beim Fernblick die Ackerbreiten, Wiesen und Wälder zum ruhigen Bild zusammen, die Wasserspiegel von Seen und Teichen dazwischen.

Bei solchem Rundblick ist die Versuchung groß, abzuweichen von der vorgefaßten Route und weitere, andere Ziele anzusteuern. Es ist ja nordwärts nicht weit bis zu den Winzerorten am Main, deren Namen, wie Randersacker und Escherndorf, zugleich berühmte Gewächse bedeuten. Auch ist es nicht weit nach Burgbernheim, wohin die Doctores schon vor tausend Jahren ihre Patienten zu den sechs Heilquellen des Wildbads schickten. Viergeschossig erhebt sich der gedrungene, hohe Fachwerkbau des Burgtors der Stadt über dem steinernen Unterbau, und wie hier, so bieten sich landauf, landab die Städte und Dörfer, von denen manche Marktflecken heißen, mit ihren malerischen, altertümlichen Veduten dar, allein in Dettelbach mit über fünfzig Befestigungstürmen. Auch Colmberg, die romantisch gelegene Veste über dem Altmühltal, sollte man später einmal, nimmt man sich vor, mit einem längeren Besuch bedenken. Ebenso locken mit ihrer Altertümlichkeit Städte wie Dinkelsbühl, wo es sogar eine Wehrmühle gibt, oder Nördlingen, wo man auf einer kreisrunden Mauer um die friedlich schöne Stadt herumwandern kann. Goethe hat dort einmal in der »Sonne« gewohnt, am Marktplatz.

Sucht man nach solchen Spuren, dann wäre auch in Giebelstadt geschichtliche Umschau zu halten, wo Florian Geyer auf die Welt kam, der ritterliche Bauernführer und — wenig abseits von der großen Straße — in Wolframs-Eschenbach. Dort hatten die Deutschordensritter das Grab des Parzival-Dichters im siebenhundertjährigen Münster gepflegt.

Wer diese Landschaft durchquert, vor allem den nördlichen Rangau, den die südwärts fließende Altmühl und bei Nürnberg die Pegnitz begrenzen, der wird manchmal zwischen den Kiefernwäldern viele große und kleine Teiche gewahren, die aus der Urzeit übrig blieben, Fischteiche, nahrhafte Wasserweiden der hier gedeihenden, berühmten Karpfen. Manchmal stakt dort ein Storch durch die Wiesen, ein Anblick wie aus Kinderbüchern. Auch dürfte hier herum den geduldig Stift und Pinsel führenden Albrecht Dürer, wenn er von Nürnberg aus über Land kam, das Motiv seiner Mühle zu seinem Aquarell veranlaßt haben, das Bild einer eigentlich armen, einfachen Mühle.

Da und dort pflanzen in dieser sandigen Landschaft die Bauern Tabak, Hopfen und Kraut an, und als Besonderheit, die in dem sandigen Boden aufs beste gedeiht, — Meerrettich. Bis weit ins schwäbische Land hinein tragen Weiblein in Trachten und ihre Männer den »Kren« in Dosen und Gläsern, die kräftigen, erdbraunen Wurzeln in Jutesäcken, die sie als Zwerchsäcke auf den Schultern tragen.

Angesichts ihrer Kieferwälder und der ebenen Böden wurden die Herren und Damen aus Hohenzollern wohl oft an die ähnlichen Landschaftsbilder in ihrer brandenburgischen Mark erinnert, »des Reiches Streusandbüchse«. Unverwechselbar hat solche Bilder mit ihren Seen und mit rötlich angehauchten Kiefernstämmen der Maler Leistikow noch vor Jahrzehnten rund um Berlin gemalt.

Überhaupt wird die Fahrt in den Rangau hinein zur historisch gedankenvoll stimmenden Reise. Denn die hohenzollerischen Herren, die in Ansbach residierten, haben ja, wie einst die Hohenstaufen, oft das abendländische Schicksal mit ihrem Herrschaftswillen mitbestimmt.

Einst waren ja die Zollern von ihrer Stammburg aus, dem Hohenzollern, dem steilen Kegelberg am schwäbischen Albrand, auf die Burg von Nürnberg geritten, wo sie Burggrafen wurden. Von dort aus haben sie bald die »oberhalb des Gebirges« gelegene Markgrafschaft Kulmbach oder Bayreuth aufgekauft, dazu die Herrschaft »unterhalb des Gebirges« die damals Onolsbach hieß, das spätere Ansbach, und wo der Burggraf Friedrich VI., der sich als Markgraf v. Brandenburg Friedrich I. nannte, zuerst »an der Steinernen Brücken« eine Wasserburg aufmauern ließ (1397–1419).

Als »die Stadt des fränkischen Rokoko« wird heutzutage diese fränkische Hauptstadt gerühmt, wo man uns Fremde im Schloß durch nahezu dreißig Prunkräume führt, durch ein beliebtes Spiegelkabinett, die gotische Halle und andere feierliche Säle mit Deckengemälden und Gobelins, daneben durch einen kühl schönen Raum, wo die Wände vom Erdboden an bis hoch hinauf vom Spiegelglanz ansbachischer Fayencen blitzen, jede Kachel mit erfrischend ländlichen Motiven. Berühmtheit genießt ja die große Sammlung der Fayencen aus Ansbach.

Und natürlich hatten die Architekten, die eine Reihe von heraldischen Gestalten auf das Dach der strengen Schloßfassade hinaufwinden ließen, italienische Renaissancepaläste, aber auch Versailles und Wien vor Augen, auch das Schloß von Ludwigsburg. Denn man hatte von dort, zumal die Markgräfin Christiane Charlotte im Schwäbischen daheim war, die italienischen Künstler Retti, die Brüder Carlone, von denen der eine Maler, der andere Stukkateur war, nach Ansbach

zu locken vermocht, außerdem Antoni Sylva, der Marmorkamine »schnitt«, und Corbellini, den Marmorierer. Einer der lustigen Künstler hat übrigens auch Peter Prosch, den Hoftiroler aus dem Zillertal, den »Taxasgrafen«, der auch hier mit seiner Theriak-Latwerge und mit Damenstrümpfen hausierte, hoch an der Wand porträtiert, einen seltsamen Schloß- und Hausgenossen.

Heute erinnern junge tanzende Paare in Kostümen von damals an die höfischen Feste, als der Markgraf eine schöne Maitresse hatte, die er nachher geheiratet hat. Wie damals, so spielt man im Hofgarten auch heute zu Menuetten und Sarabanden mit ihrer Grazie auf, beleuchtet man Bäume und Hecken. Feuerwerk prasselt zuletzt in den Himmel.

Aber in jenem Hofgarten hat sich auch jene Untat abgespielt, die 1833 alle Welt erregte: der tödliche Anschlag gegen Kaspar Hauser, einen jungen Menschen unbekannter Herkunft, von dem jedoch vermutet wurde, er könnte fürstlicher Abstammung sein. Auf einem gotischen Pfeiler, nahe der Orangerie, heißt es, das Geheimnisvolle erwähnend: »Hic occultus occulto occisus est«, hier wurde ein Unbekannter von einem Unbekannten getötet. Juristen und Dichter haben versucht, sein Schicksal auszuforschen. Umsonst.

Ein anderes Denkmal gilt dem Dichter August Graf von Platen, der in Ansbach (1796) das Licht der Welt erblickte. »Anspachiense Germaniae Horatio« heißt es auf seiner Grabschrift in einem verwilderten Park in Syrakus auf Sizilien. Denn er war schon früh, als idealistischer Dichter angewidert von den Niedrigkeiten des zumeist gelebten Lebens um ihn herum, nach Rom und dann immer weiter nach Süden geflüchtet, wo griechische Tempel zu seiner Umwelt gehörten! »Wer die Schönheit angeschaut mit Augen, ist dem Tode schon anheimgegeben«, lautet eine berühmte Zeile von ihm, der das bleibend Schöne immer wieder in klassischen Formen zum Ausdruck zu bringen versuchte, rhythmisch mit einer erhebenden Sprache.

Beseelt von solchen Schönheitsbegriffen sind auch die großen Historienbilder

des Malers Feuerbach, der als Enkel des berühmten Richters Anselm Feuerbach dessen Vornamen trug. Neben dem Hofgarten wird noch das Haus dieses großen Rechtsgelehrten gezeigt, der fünf Söhne hinterließ, von denen jeder in seiner Art eine gute Berühmtheit erlangte. Er selber hat ergriffen auch den Rätselhaftigkeiten um Kaspar Hauser nachgeforscht und seine Schrift darüber »Ein Beispiel eines Verbrechens am Seelenleben« genannt. Der Unbekannte hatte ja, bis ihn ein anderer Unbekannter auf einer Straße in Nürnberg einfach stehen ließ, bis dahin, offenbar achtzehnjährig, keinen anderen Menschen gesehen und mit niemand sprechen können, auch nicht mit der schweigenden Person, die ihm sein Essen in den verdunkelten Raum hineinschob, wo er stumm und stumpf dahinvegetierte. Mehr kannte er nicht von der Welt.

Dagegen mag ein anderes Denkmal, eine Bronzebüste des Johann Peter Uz, vergnüglich stimmen. Denn er hatte nicht allein die lebensfreundlichen Gedichte des Anakreon ins Deutsche übertragen, sondern auch selber (1720–1796) mit fränkischer Sinnenlust Verse geschrieben, darunter ein Lehrgedicht »Versuch über die Kunst, stets fröhlich zu sein«. Bedenkt man zudem, daß damals bei den Damen der Dichter Christian Fürchtegott Gellert durch seine Fabeln und Kirchenlieder geliebt und beliebt war, ja, daß man im Ansbacher Schloß sogar einen Denkmals-Entwurf in Porzellan für ihn bewahrte, dann ergibt sich aus solch einer Reihe von Namen das innere Bild einer Stadt.

Heute kann jeder, was einst nur der Vorzug der Vornehmen war, in der Gemäldegalerie des Schlosses vor den Fürstenporträts den ehemals so hochgestellten Damen und Herren unter die Augen treten; früher konnte man in der Orangerie auch die Fresken des Malers Heideloff betrachten, Episoden aus der markgräflichen Geschichte. Einer der Schloßherren, Georg der Fromme, durch den das Ansbacher Land lutherisch wurde, steht vor dem Renaissancebau, der ehemals Landhaus hieß, als vergoldetes Standbild auf einem Brunnen.

Auch einige der Sarkophage hatte man einst vergoldet, die der brandenburgische Kurfürst Albrecht Achilles zuerst im Chorraum der Gumbertuskirche aufstellen ließ, deren hoher spitzer Turm von zwei kleineren flankiert wird. Auch diesen Fürsten fuhr man einst im Trauerkondukt nach Heilsbronn hinaus.

Wie aus dem Schulgeschichtsbuch wird hier, im fränkischen Land, sein Name wieder gegenwärtig, wo er die Schwanenritterkapelle einrichten ließ, ausgestattet mit Schnitzwerk und Gemälden von Schülern des Meisters Michael Wolgemut aus Nürnberg, der Dürers Lehrherr war. Zwölf Steindenkmäler von Schwanenrittern flankieren den Altar, wo das Licht durch Farbfenster auch auf die Totenschilder der einst so selbstbewußten Ritter fällt.

Noch deutlicher wird das dynastische Geschichtsbild, wenn man auf dem Weg nach Nürnberg im einstigen Kloster Heilsbronn die romanische Kirche besucht. Dort wurden nämlich in dem achtzig Meter langen Kirchenraum, den stämmige Säulen mit Würfelkapitellen unterteilen, jene fränkischen Hohenzollern beigesetzt, die vom Nürnberger Burgberg aus einst nach Brandenburg zogen, Friedrich I., Friedrich II. und Albrecht Achilles, aber auch die Kurfürstin Anna von Brandenburg. Ebenso hatten sich viele fränkische Ritter das Recht gesichert, in diesem einstigen Zisterzienserkloster ihren ewigen Schlaf tun zu dürfen. So viele waren es, daß man im südlichen Seitenschiff ein eigenes Mortuarium errichtet hat.

Dann waren auch hier, wie seit jeher Maler, Bildhauer, Steinmetzmeister und Schnitzer aus dem benachbarten Nürnberg in dem an Kunstwerken reichen Kloster am Werk gewesen, vermutlich auch Meister wie Adam Krafft, Veit Stoß und Peter Vischer oder Schüler von ihnen.

Denn die meisten sind als Unbekannte, von denen nur Jahreszahlen zeugen, hinter die Werke zurückgetreten, die sie geschaffen haben. So fragt man auch vergeblich, unter wessen Händen wohl die Pietà mit ihrem Schmerz oder das filigranhaft modellierte Sakramentshaus entstanden sein mögen, beide um 1500. Diese Handwerksleute, die sich noch nicht als Künstler fühlten, setzten ihre frommen Gemälde in die geschnitzen Rahmen der Altäre ein,

mauerten eindrucksvolle Hochgräber auf, die zu Katafalken der liegenden Steingestalten wurden, umgeben von Allegorien, von Waffen, Ritterhelmen, Putten und von Löwen und Hunden zu ihren Füßen. Im abgeschwächten Licht der hohen Hallenkirche geht von diesen feierlich pompösen Grabmälern jene eigentümliche Stimmung aus, die uns in großen Mausoleen überkommt. So hält man unwillkürlich vor manchem Bildwerk an, wie vor der alten Darstellung des Christus: zwei Schwerter, die seitwärts aus dem Mund in die Höhe ragen, symbolisieren ihn als Weltenrichter, oder vor dem packenden Kruzifix von 1468. Doch man nimmt auch die Erinnerung an die Quelle mit, die in der Kirche entspringt und nach der die Mönche ihr Kloster nannten. Man denkt bei dessen Bauart an Alpirsbach und an die Klosterruinen von Hirsau über der Nagold, aber auch an den Quellenmythos, der seit jeher und über die ganze Welt hinweg in allen Völkern Andacht verlangt. Bedenkt man außerdem, daß einundzwanzig Tote aus dem Hause Hohenzollern hier versammelt sind, die einst als führende Macht in Deutschland galten, dann verstärkt sich unser insgeheimes Frösteln, das uns oft in solchen Grüften überkommt.

Wie geschichtlich versöhnend wirkt es jedoch, daß sie, die oft in größere Machträume drängten, hier ihre irdische Ruhe fanden, nachdem sie auch oft mit den nächsten Nachbarn verfeindet waren. Nicht weit entfernt, an einer Seitenstraße, haben nämlich die Nürnberger Herren in Lichtenau eine vielgestaltige Veste angelegt, die mit Türmen und Wällen, Bastionen und Gräben gleichsam ein Abbild der Burg in Nürnberg ist. Man könnte hier meinen, schon mitten in Nürnberg selbst zu sein, und so tritt man schon hier, in Lichtenau, in den historischen Bannkreis ein, der von der alten Kaiser- und Patrizierstadt in der Pegnitzniederung ausgeht, jetzt einer mächtigen und weit hinaus gewachsenen modernen Großstadt, deren Herz jedoch die alte, wieder aufgebaute Altstadt blieb.

Nürnberg! Jeder verbindet mit seinem Namen, was ihm in seinem eigenen Leben diese Stadt bedeutet hat: Die

wunderreiche Spielzeugstadt! Die Lebkuchenstadt! Aus gefaltetem Goldpapier am Christbaum glänzende Rauschgoldengel. Die Stadt Albrecht Dürers! Ebenso die Heimat Peter Henleins, der die Taschenuhr erfand, des Martin Behaim, der mit portugiesischen Schiffern ein Stück weit den damals noch unerforschten Atlantik befuhr und der den ersten Erdapfel ausgedacht hat, einen Globus, bemalt mit fremden Meeren, Ländern und Inseln, mit exotischen Tieren und Seeungeheuern. Auch ist es die Heimat des Hartmann Schedel, der 1493 eine bilderreiche »Weltchronik« drucken ließ, die alles enthielt, was man damals wußte, ein enzyklopädisches Lexikon, auch dies Beweise dafür, wie aufgeschlossen man für die Weite der Welt war, in die ihre Kaufherren mit ihren Planwagen voller Nürnberger Waren zogen.

Nun suchen Fremde in der Altstadt, die besonders am Abend von verklärendem Reiz ist, vielleicht das Haus des Hans Sachs, Schuhmachers und Poet dazu, oder sie wandern zu den Meistersingerkirchen St. Martha und St. Katharina, wo man sich die hingegeben singenden Handwerksleute vorstellen kann. Ein unerläßliches Ziel ist aber auch für viele Fremde der Johannisfriedhof, weil man dort vor den mächtigen Quadern und Bronzeplatten vieler großer Männer Einkehr halten kann, die seit Jahrhunderten zum inneren Ruhm und Glanz der Stadt gehören.

Hier liegen neben Albrecht Dürer, dessen Grab zu besuchen eine innere Nötigung sein kann, die Meister der Bildhauerkunst Veit Stoß und Peter Vischer der Ältere, der herrliche Bronzegestaltungen hinterließ, der Glasmaler Hirschvogel und der berühmte Goldschmied Jamnitzer, dazu Hans Behaim, der vielgesuchte Kupferstecher, auch Ludwig Feuerbach, der Philosoph, und Willibald Pirkheimer, der kaiserlicher Rat im Dienste Maximilians I. und Karls V. war.

Er, der strenge Kaiser, in dessen Reich die Sonne nicht unterging, hatte Nürnberg die »Hauptstadt des Reichs im Südosten« genannt. Weltkundige Fremde haben damals die Patrizierhäuser Nürnbergs mit Residenzen von Fürsten verglichen. Noch stehen manche von ihnen wie das Fembo-Haus oder das Nassauer-Haus gegenüber der Stadtpfarrkirche St. Lorenz. Mit solchem Bürgerstolz hat der Rat der Stadt ganz nahe der Burg, die das Bild der Stadt an der Pegnitz beherrscht, einen hoch aufragenden Turm gebaut, einen »Luginsland«, vor allem deshalb »auf daß man in des Burggrafen Burg sehen möchte«. Zielbewußt haben sie auch vor einem halben Jahrtausend die Kaiserburg selber in ihren Besitz gebracht (1427).

Schon damals ging der »Nürnberger Tand«, wie der Volksmund die Nürnberger Spielwaren, aber auch Haushaltsgeräte nannte, »durchs ganze Land«, und sicher meinte man damit das ganze Abendland. Mancher hat es, wie der Kaufherr von Imhoff, oft kreuz und quer bereist. Er hat der Lorenzkirche das viel bewunderte, fast zwanzig Meter hohe Sakramentshaus gewidmet, das neunzig Menschengestalten in seinem Filigrangestänge vereint. Als trügen sie die herrlich gotische, immer schmäler werdende Pyramide auf ihren Schultern, haben sich an deren Basis der Meister Adam Krafft und seine zwei Gesellen wie bescheidene Atlanten selber dargestellt. Ein anderer Kunstfreund aus dem Hause Tucher schenkte (1518) der Lorenzkirche den wie unwirklich aus der hohen Decke niederhängenden

»Englischen Gruß«, auch dies ein ungewöhnliches Werk, das Veit Stoß aus Lindenholz geschnitzt und mit sanften Farben bemalt hat.

So führt der Weg durch Nürnberg von einem bedeutenden Namen zum andern, von Kunstwerk zu Kunstwerk, auch zu kunstreichen Brunnen. Am meisten zieht auf dem Hauptmarkt der Schöne Brunnen mit seiner hoch hinauf gestuften Brunnensäule und mit den vielen Gestalten der Kurfürsten, Evangelisten und anderen Symbolfiguren die Leute an, auch er eine gotische Kostbarkeit, von einem dicht geflochtenen Eisengitter umrahmt.

Aber sobald die Uhr im Giebeldreieck der gegenüberliegenden Frauenkirche gegen zwölf Uhr zeigt, wogen die Gruppen der Fremden von allen Seiten her vor die Fassade hinüber, weil mit dem Glockenschlag droben das »Männleinlaufen« beginnt. Auf einer Drehscheibe ziehen dort als Spieluhrgestalten die kurfürstlichen Herren, die einst den Kaiser wählen durften, gravitätisch an der Gestalt des Kaisers Karl IV. vorbei, der droben symbolisch die Reichskleinodien zeigt, die einst in Nürnberg bewahrt worden waren. Er hatte in Nürnberg die Goldene Bulle erlassen, in der die Regeln, nach denen jeweils die Kaiser gewählt werden mußten, festgeschrieben waren (1356). Daran zur Erinnerung haben die

Nürnberger Bürger 1509 dieses »Männleinlaufen« gestiftet, ein hintergründiges Spielwerk mit seinem Kommen und Gehen.

Wenn jedoch dort, auf dem »Christkindlesmarkt« über den ganzen Platz hinweg von vielen Weihnachtstannen Kerzen und Glühbirnen leuchten und flackern, dann geht von diesem lebensvollen Treiben in seiner mittelalterlichen Szenerie ein Zauber wie von Märchen aus: mit Nußknackern und mit dem standhaften Zinnsoldaten, mit langbezopften und modischen Puppen und mit Puppenhäusern, Glaskugeln, Hampelmännern und Schaukelpferden, Schätze, von denen auch das Germanische Nationalmuseum viele bewahrt. Auch dort wäre lang zu verweilen. Dort ist in vielen Räumen der Atem der Jahrhunderte und eigentlich vor allem durch den Kunstsinn ihrer Menschen gegenwärtig.

Aber die Fremden, die gebannt wie Kinder auf das »Männleinlaufen« blicken und vielleicht an die Nürnberger Bratwürsteln denken, die man auf flachen Tellern und Herzen aus Zinn serviert, die Fremden können ja, wie es das Schicksal aller Fremden auf dieser Erde ist, nur flüchtige Gäste sein, die, wie die Kurfürsten droben, einst und jetzt im altertümlichen Spielwerk kommen und gehen.

Colmberg

Ansbach

*Prunksaal im
Markgrafenschloß*

Markgrafenschloß

Rokokospiele
im Hofgarten

Die Türme der St. Gumbertuskirche mit Stadthaus

Ansbach

Herrieder Tor

Lichtenau

Veste Lichtenau

Heilsbronn

Links unten:
Epitaph der Margarete von Seckendorf in der Ritterkapelle.
Rechts unten:
Hochgrab des Markgrafen Joachim Ernst.

▼ *Münster*

Nürnberg

Kaiserburg, Sinwellturm

Nürnberg

Christkindlesmarkt, Frauenkirche und »Schöner Brunnen«

Nürnberg

Platz beim Tiergärtnertor

Heilig-Geist-Spital

Hauptmarkt mit »Schönem Brunnen« und St. Sebaldus

Nürnberg

Engelsgruß von Veit Stoß in der Lorenzkirche

Nürnberg

Blick zur Burg

Städtebeschreibungen

Ansbach – Stadt des fränkischen Rokoko

Ansbach, Regierungshauptstadt von Mittelfranken, inmitten des Rangaus, zählt heute 40 000 Einwohner. Die ehemalige Residenz der Markgrafen von Brandenburg-Ansbach im Tal der fränkischen Rezat ist von sanften Hügeln und herrlichen Wäldern umgeben.

Geschichte

Ansbach, früher Onolzbach, erhielt seinen Namen nach einem fränkischen Siedler, der im 8. Jahrhundert seßhaft wurde. Gegen 748 gründete Gumbertus ein Benediktinerkloster, das im 11. Jahrhundert in ein Chorherrenstift umgewandelt wurde. In einer Urkunde von 1221 wird Ansbach erstmals als Stadt erwähnt. Insgesamt kann Ansbach auf eine mehr als 1200jährige Geschichte zurückblicken.
1331 erwarben die Hohenzollern, damals Burggrafen von Nürnberg, die Rechte an Stadt und Stift. Als Markgrafen und Kurfürsten von Brandenburg erhoben sie gegen 1456 Ansbach zur Residenz. Sie bestimmten für nahezu 500 Jahre das Schicksal der Stadt und ihres Umlandes. Diese Epoche hat Ansbach bleibend geprägt. Einer der mächtigsten Hohenzollernfürsten war Kurfürst Albrecht Achilles (1440 bis 1486). Trotz seiner ständigen kämpferischen Auseinandersetzungen bedeutete seine Regentschaft eine Blütezeit für Ansbach. Er verlegte die Hohenzollern-Hofhaltung und das »Kaiserliche Landgericht Burggraftums Nürnberg« nach Ansbach. Die Gründung des süddeutschen Zweiges des Schwanenritterordens fällt gleichfalls in seine Regierungszeit. Unter Markgraf Georg dem Frommen (1515–1543) wurde in Stadt und Land die Reformation eingeführt (1528). Sein Sohn, Markgraf Georg Friedrich (1557–1603), entfaltete eine segensreiche Regentschaft und schmückte die Residenzstadt mit bedeutenden Renaissancebauten.
Der 30jährige Krieg ging an der Stadt nicht spurlos vorüber; die totale Zerstörung wurde ihr jedoch erspart. Die Markgrafen Albrecht (1639–1667) und Johann Friedrich (1672–1686) bemühten sich um Wiederaufbau und neue Blüte.
Ende des 17. Jahrhunderts entwickelte sich Ansbach zur barocken Residenz. Im 18. Jahrhundert wurde die Barokkisierung des Stadtbildes weitergeführt. Mit einer Fülle von Neubauten sind vor allem die Namen der Markgräfin Christiane Charlotte (1723–1729) und ihres Sohnes Carl Wilhelm Friedrich (1729–1757) verbunden. Es war eine Epoche des großzügigen Bauens, das durch städteplanerische Perspektiven gekennzeichnet war. Carl Wilhelm Friedrich, im Volksmund als »Wilder Markgraf« bekannt, war ein Schwager Friedrichs des Großen. Obwohl sein Bild in der Geschichte schwankt, bleibt unbestritten, daß er sich für die Ausgestaltung des Ansbacher Stadtbildes große Verdienste erworben hat. Sein Sohn Alexander (1757–1791) besaß ein gegensätzliches Naturell. Als aufgeklärter Fürst hat er gleichfalls Bedeutendes für sein Land geleistet. Durch die Vermietung von zwei ansbachischen Regimentern an Großbritannien im Jahre 1777 hat er sich jedoch manche Kritik zugezogen. Zu seiner Ehre muß allerdings gesagt werden, daß er die Einnahmen für diesen Soldatenhandel zur Entschuldung des Fürstentums Ansbach verwendete. 1791 dankte Alexander ab und ging nach England. Die Fürstentümer Ansbach und Bayreuth wurden gegen eine Leibrente vom Königreich Preußen übernommen. Die kurze preußische Zeit Ansbachs (1792–1806) hinterließ, vor allem durch die fortschrittliche Verwaltung Hardenbergs, ein gutes Echo. 1806 kam Ansbach auf Veranlassung Napoleons I. zum Königreich Bayern. Die Hohenzollernzeit war damit beendet. Die Stadt an der Rezat wurde dafür Hauptstadt von Mittelfranken und blieb bis heute Sitz der Bezirksregierung, in ihrer Struktur auch in bayerischer Zeit eine Verwaltungs-, Garnisons- und Kulturstadt. Die Industrialisierungswellen haben sie wenig berührt. Erst nach dem Zweiten Weltkrieg konnte Ansbach auf diesem Gebiet etwas wettmachen. Der letzte Krieg hat den historischen Kern der alten Fürstenresidenz verschont. So konnte Ansbach seinen Charakter als barocke Hauptstadt bis heute bewahren. Die Bauten der Markgrafen, Residenz, Hofkanzlei, Landhaus, Orangerie, Stiftskirche, oder auch die interessante »Neue Auslage« sind hierfür charakteristische Zeugnisse. Seit Beginn der 70er Jahre konnte Ansbach sein Stadtgebiet wesentlich erweitern.

Musik und Folklore

Alljährlich werden Tagungen und Veranstaltungen von überregionaler Bedeutung durchgeführt. Einen internationalen Namen hat die »Bachwoche Ansbach«, die alle zwei Jahre Ende Juli stattfindet. Alljährlich werden Ende Mai/Juni das Stadtfest und Anfang Juli die Ansbacher Rokokospiele mit anschließendem Kirchweih- und Schützenfest veranstaltet. Im vierjährigen Turnus wird die Ansbacher Heimatfestwoche gestaltet.

Spezialitäten

Der Feinschmecker sollte sich die bodenständigen Ansbacher Spezialitäten nicht entgehen lassen. Es sind dies vor allem die Ansbacher Bratwürste, die schon im 14. Jahrhundert urkundlich nachweisbar sind. Diese etwa 15 cm langen Schweinswürste werden paarweise, braun gebraten, zu würzigem Sauerkraut, und als »Blaue Zipfel« in Sud und Zwiebel gegessen. Geräuchert schmecken sie auch mit Meerrettich und Kartoffelsalat und heißen dann »Schlotengeli« oder »Bauernseufzer«. Auch der »Ansbacher Preßsack« schmeckt jedem gestandenen Mannsbild. Selbstredend gehört zu diesen Brotzeiten ein süffiges Ansbacher Bier.

Bad Wimpfen

Selten wirkt eine Stadtsilhouette so eindrucksvoll und anziehend wie die der ehemaligen Kaiser- und Freien Reichsstadt Wimpfen. Stolz erheben sich hoch über dem Neckartal Roter Turm, Steinhaus, Blauer Turm und die Türme der Stadtkirche, lockt die um 1200 entstandene Kaiserpfalz der Hohenstaufer – die räumlich größte nördlich der Alpen – das geschichtsträchtige Gemäuer aus nächster Nähe kennenzulernen.

Mittelalterliche Befestigungen, Türme und Tore, Brunnen, Fachwerkhäuser, Kirchen und Klosteranlagen prägen den Charakter der oberen Stadt. Doch nicht weniger sehenswert ist der Stadtteil Wimpfen im Tal, eine ehemalige Römerstadt mit Kastell. Hier steht die Ritterstiftskirche St. Peter (1274), ein Meisterwerk der Frühgotik und eine der bedeutendsten Kirchen Süddeutschlands. Das Westportal ist romanisch. Der Kreuzgang des Klosters gilt als Perle des Spitzbogenstils. Heute werden die Konventbauten von Benediktinern der schlesischen Abtei Grüssau bewohnt. Die Talstadt ist noch völlig von einer auf römischen Fundamenten ruhenden Wehrmauer umschlossen.

Obwohl schon die Römer hier siedelten, erkannten sie damals, trotz ihres besonderen Gespürs für Heilwasser, die natürlichen Solequellen nicht. Erst 1752 begannen die Bemühungen um die Erschließung der Solequellen. 1832 kam schließlich ein Salinenwerkmeister auf die Idee, ein Solbad einzurichten. Heute ist Bad Wimpfen anerkanntes Heilbad mit einem modernen Kur- und Rehabilitationszentrum.

Es befindet sich über dem Neckartal, nur wenige Schritte von der Altstadt entfernt ein in sich geschlossener Gebäudekomplex, bestehend aus zwei Kurkliniken, dem Kurmittelhaus mit Bewegungszentrum, einschließlich dem Solehallenbewegungsbad, den Liegeruheräumen und dem Kursaal. Dem frei zugänglichen Kurpark mit Terrainwegen, Spiel- und Ruheplätzen, schließt sich das Kurwäldchen an, von dem die Wanderwege in den Mühlwald und Einsiedelwald führen.

Um den Lieblingsplatz der Staufer, die Geschichte der Kaiserpfalz, die hübschen Gäßchen und historischen Bauwerke kennenzulernen, schließt man sich am besten einer Stadtführung an, die sonntagsnachmittags angeboten wird und am Marktplatz beginnt. Hinter dem Rathaus steht der Blaue Turm der Kaiserpfalz, in dessen Turmstube noch ein Türmer wohnt. Wer die 169 Stufen auf die Plattform hinaufsteigt, von der sonntags ein Choral geblasen wird, kann einen herrlichen Rundblick auf den noch erhaltenen mittelalterlichen Stadtkern und das Neckarland genießen. Nächstes Ziel im Burgviertel ist das Steinhaus, einst Kemenate der Königin, heute größtes romanisches Wohngebäude Deutschlands. Es beherbergt das Heimatmuseum mit Funden aus der Vor- und Frühgeschichte, der Römerzeit und Gegenstände der Staufer sowie ein Modell der ehemaligen Pfalzanlage. Daran schließt sich der frühere Palas mit den sehr schönen Doppelarkaden an. Durch die sich wiederum anschließende Pfalzkapelle führt ein Fluchtweg über die Wehrmauer in den Roten Turm, den Zufluchtsort des Kaisers im Falle einer Gefahr.

Ob man über das holprige Kopfsteinpflaster der Schwibbogengasse geht, durch die winklige Bad- und Salzgasse schlendert, überall zeigt der unter Denkmalschutz stehende Stadtkern blumengeschmücktes Fachwerk im alemannischen und fränkischen Stil. Ein prächtiges Beispiel ist das ehemalige Hospital zum Heiligen Geist mit einem romanischen Teil aus der Stauferzeit (Gründung 1233). In der malerischen Klostergasse lohnt das Badhaus mit seinem Treppenaufgang und den Holzgalerien im Hof eine Besichtigung. Zehntscheune, Staufertor, Bollwerk, das Konventhaus mit dem Ödenburger Heimatmuseum, das Wimpfener Puppenmuseum im Wormser Hof, die Evangelische Stadtkirche und die Kreuzigungsgruppe von Hans Backoffen sind weitere Sehenswürdigkeiten.

Eberbach

Ehemalige Reichs- und Stauferstadt. Malerische Lage am Neckar im Herzen des Naturparks Neckartal-Odenwald. Staatlich anerkannter Kurort. Kurzentrum, Deutsches Akupunkturzentrum. Historischer Stadtkern, gut erhaltene Stadtmauer, 4 Stadttürme, altes Badehaus, sowie eine Reihe Fachwerkbauten z.T. mit Sgraffitomalereien zeugen von einer bewegten Vergangenheit.

Eberbach ist einer der vielen Orte, die im Zuge der staufischen Territorialpolitik einen beträchtlichen Stellenwert bekamen. Das Jahr 1227 gilt als Gründungsjahr des Gemeinwesens zu Füßen der Burg des Hohenstaufenkönigs Heinrich VII. In diesem Jahr empfing Heinrich VII., Sohn Kaiser Friedrichs II. von Hohenstaufen, die Burg Eberbach zusammen mit Wimpfen vom Wormser Bischof zu einem stattlichen Preis zu Lehen.

Der Name der Stadt wurde von einer schon vorher vorhandenen Ansiedlung übernommen. In pfälzischen Urkunden, erstmals einer solchen von 1196, sind Grafen und Adlige »de Eberbach« erwähnt. 1235–1297 hatte Eberbach den Status »Freie Reichsstadt«. In der Folgezeit ging Eberbach durch die Hände verschiedener Pfandherren, bis 1330 schließlich die Stadt an die »Pfalzgrafen by Rhein« verpfändet wurde. 1346 wurden durch Ludwig dem Bayer die Stadtrechte erneuert, indem er Eberbach die Wimpfener Freiheitsrechte verlieh. 1402 wurde »Schloß, Burg und Stadt« vom Pfalzgrafen Ruprecht an den Ritter Hans von Hirschhorn verpfändet und später geschleift. Nach kurzer Zugehörigkeit zum Fürstentum Leiningen, das nach Auflösung der Pfalz im Frieden von Lunéville neu geschaffen worden war, kam Eberbach 1806 zum neu errichteten

Großherzogtum Baden.
Wichtige bauliche Denkmäler in der Altstadt:

Der »Hof«
Diese prächtigen Fachwerkhäuser, gehörten ursprünglich den jeweiligen Burgherren als Sitz in der Stadt.

Altes Badehaus
Badestube aus dem Mittelalter, bildet zusammen mit dem »Spohr'schen Haus« und dem Haspelturm ein Ensemble von besonderer Schönheit und Romantik.

Das Thalheim'sche Haus
mit dem Pulver- oder Mantelturm (dem Wahrzeichen der Stadt) ist eines der ältesten Häuser Eberbachs (erbaut 1390).

Die Stadtmauer
Umfangreiche Reste der alten Stadtmauer, besonders an der Westseite (mit Bettendorf'schem Tor) und an der Neckarfront (mit einem Giebel des ältesten Steinhauses der Stadt) umgeben den historischen Stadtkern.

Brunnen
Kurpfalzbrunnen zur Erinnerung an die Zugehörigkeit Eberbachs zur »Churpfalz«. Der Fischerbrunnen, Wahrzeichen für die Fischer- und Schifferzunft, die in Eberbach beheimatet ist.

Die Burg Eberbach
Die heute nur noch als Ruine erhaltene Burg, bestehend aus Vorder-, Mittel- und Hinterburg, an strategisch günstiger Stelle, ist heute ein Aussichtspunkt ersten Ranges. Von hier aus hat man einen imposanten Blick über die Stadt und das Neckartal.

Die 3 im romanischen Stil erbauten Fenster im Obergeschoß des Palas in der Mittelburg zeigen eine enge Verwandtschaft zur Kaiserpfalz in Wimpfen. Sie wurden beim Wiederaufbau der Eberbacher Burgen zu Beginn des 20. Jahrhunderts aus Einzelteilen des Trümmerschutts wieder zusammengesetzt und tragen auf den sich nach oben verjüngenden Säulenschäften mit Ornamenten geschmückte Würfelkapitelle.

Ständige Veranstaltungen
Eberbacher Frühling: von Himmelfahrt bis Sonntag
Eberbacher Kuckucksmarkt: am letzten Sonntag im August (Freitag–Dienstag).

Heidelberg – romantische Stadt am Neckar

In Deutschland vereinigen sich alle großen Landschaftsformen Europas: von der Tiefebene an der Küste im Norden über sanftes Hügelland und bewaldete Mittelgebirge bis zum schroffen Hochgebirge der Alpen im Süden. Besonders einladend wirkt die Landschaft im Südwesten der Bundesrepublik Deutschland. Berge und Wälder wechseln mit breiten und fruchtbaren Flußtälern. Bis dorthin spürt man das milde Klima des Mittelmeeres, unter dessen Einfluß sich eine heitere und offene Lebensart entwickelt hat. Dort liegt Heidelberg, 133.000 Einwohner, traditionsreiche und älteste Universitätsstadt Deutschlands, Inbegriff deutscher Romantik.

Wer viel in der Welt gesehen hat, rühmt Heidelbergs einzigartige Lage am Austritt des Neckars in die weite Rheinebene. Die romantische Altstadt am Fluß, überragt vom mächtigen roten Sandsteingemäuer des Schlosses, wird von zwei stattlichen Bergen eingerahmt: dem 568 m hohen Königstuhl im Süden und dem 440 m hohen Heiligenberg im Norden. Der Heiligenberg trägt einen dreifachen keltischen Ringwall und eine frühchristliche Klosterruine. Zusammen mit zahlreichen römischen Funden am Neckarufer sind sie der Beweis, daß diese Landschaft schon immer die Menschen angelockt hat. Aus der Umgebung von Heidelberg stammt eines der ältesten Zeugnisse menschlichen Lebens in Europa: der rund 500.000 Jahre alte Kieferknochen des »Homo Heidelbergensis«.

Man kann die Lage Heidelbergs auf mehrfache Weise eindrucksvoll überblicken. Vom berühmten Philosophenweg am Hang des Heiligenbergs, von wo aus der Blick über den Neckar, die Altstadt und das Schloß hinüber zum Königstuhl schweift, oder vom Altan des Schlosses, wo sich Menschen aus aller Welt treffen, um auf das Dächergewirr von Alt-Heidelberg hinabzuschauen.

Im Jahre 1196 wurde der sich am Fuß einer Burg entwickelnde Ort erstmals in einer Urkunde des Klosters Schönau erwähnt. Die Pfalzgrafen machten ihn zu ihrer Residenz. 1386 gründete Pfalzgraf Ruprecht I. die Heidelberger Universität. Im Zeitalter des Humanismus und der Reformation und in der Auseinandersetzung zwischen Luthertum und Calvinismus im 15. und 16. Jahrhundert übernahm sie eine führende Rolle. Wenige Monate nach der Verkündung seiner 95 Thesen, im April 1518, wurde Martin Luther in Heidelberg mit hohen Ehren empfangen und verteidigte hier seine Thesen. Mit Pfalzgraf Ruprecht I. begann auch die eigentliche Baugeschichte des Heidelberger Schlosses.

Aus dem Gitterwerk der Gassen erhebt sich der um 1400 errichtete gotische Hallenbau der Heiliggeistkirche, an deren Außenwänden noch heute die mittelalterlichen Verkaufsstände zu sehen und zu besuchen sind. Nachdem die Franzosen während des pfälzisch-orleanschen Erbfolgekrieges in den Jahren 1689 und 1693 Stadt und Schloß fast völlig zerstörten, wurden beim barocken Wiederaufbau der aus staufischer Zeit stammenden Stadt Grundriß und die kleinteiligen Bauparzellen beibehalten. Das sieht man vom Schloß sehr deutlich. Ebenso deutlich erkennt man die rund zwei Kilometer lange Hauptstraße, die vom Karlstor bis zum Bismarckplatz die engen Gassen durchschneidet. Der größte Teil dieser Hauptstraße, rund 1 1/2 Kilometer, ist heute Fußgängerbereich; wahrscheinlich der längste in Deutschland, mit Sicherheit aber der lebendigste.

Die »romantische Meile« nennen die vielen Besucher Heidelbergs diesen Fußgängerbereich, der es ihnen ermöglicht, vom Autoverkehr ungestört die Sehenswürdigkeiten Alt-Heidelbergs zu genießen, sich dem umfangreichen

Angebot großer und kleiner, preiswerter oder exklusiver Geschäfte zu widmen, oder sich in gemütlichen Gaststätten oder Cafés zu entspannen. Nicht wegen der Größe — die Stadt ist eher klein und leicht überschaubar — sondern aufgrund seiner historischen und kulturellen Bedeutung kann man Heidelberg durchaus unter die wichtigsten europäischen Städte einreihen. Mehr als fünf Jahrhunderte war Heidelberg die Residenz der Kurfürsten von der Pfalz, die das Schicksal des Deutschen Reiches wesentlich mitbestimmten. Kurpfälzische, deutsche und europäische Geschichte haben in Heidelberg ihre Spuren hinterlassen; deutlich erkennbar im Schloß, dessen erhaltene Bauteile zu den hervorragendsten Beispielen der Renaissance nördlich der Alpen gehören, unverwechselbar in den Straßen und Gassen der Altstadt, und, für die Nachwelt gesammelt, im Kurpfälzischen Museum der Stadt Heidelberg.

Museen gibt es viele in Heidelberg, Alt-Heidelberg selbst ist jedoch alles andere als ein Museum. Wenn in anderen Großstädten nach der Hektik des Tages die Stadtzentren am Abend menschenleer veröden, geht in der Heidelberger Altstadt das Leben munter weiter. Die gemütlichen Gaststätten, historischen Studentenlokale und romantischen Weinstuben füllen sich und bringen Einheimische und Fremde einander näher. Das Theater der Stadt Heidelberg, dessen Opern-, Operetten- Schauspiel- und Ballettinszenierungen große Beachtung in der gesamten deutschen Theaterwelt finden, lockt seine Besucher ebenso wie das intime Zimmertheater oder eine der studentischen Laienbühnen.

Die sommerlichen Schloßspiele mit Musiktheater und Konzerten, die Aufführungen des Orchesters der Stadt Heidelberg, des Bachvereins, der Studentenkantorei oder einer der anderen namhaften Chor- und Musikvereinigungen sorgen dafür, daß die Theater- und Konzertsaison in Heidelberg keine Pause kennt. In der Heiliggeistkirche steht Deutschlands modernste Orgel. Sie erfreut die Heidelberger und ihre Gäste das ganze Jahr über mit Sommermatineen, Oster-, Passionsmusik und Weihnachtsoratorien.

Die internationalen Beziehungen, die in Heidelberg durch seine Universität und Forschungseinrichtungen, durch seine Wirtschaft und den Tourismus eng eingeflochten sind, machen die Stadt zu einem viel gefragten Tagungsort. Für Tagungen und Kongresse und auch für die Festlichkeiten der Bürger hat die Stadt Heidelberg die aus den Anfangsjahren dieses Jahrhunderts stammende Stadthalle im historischen Stil renovieren und mit allen Einrichtungen eines modernen Kongreßhauses ausstatten lassen. Seine bis ins Detail wiederhergestellte Schönheit und seine Lage direkt am Neckarufer inmitten der romantischen Altstadt heben das Kongreßhaus Stadthalle Heidelberg sehr wohltuend von der einheitlichen Betonglasarchitektur anderer Kongreßzentren ab.

Keine deutsche Stadt wurde von den Dichtern der Romantik so geliebt wie Heidelberg. In einer Sammlung all der Gedichte und Lieder, die Heidelberg gewidmet sind, müßte man Matthissons »Elegie« von 1786 ebenso aufnehmen wie Hölderlins »Ode an Heidelberg« von 1799. Hier fand Eichendorff zu

seiner Poesie, hier gaben Arnim und Brentano 1806 die Volksliedersammlung »Des Knaben Wunderhorn« heraus. In Heidelberg verlor Goethe, der die Stadt achtmal besuchte, sein Herz an Marianne von Willemer, die »Suleika« des »Westöstlichen Divan«, und sie selbst schrieb 1824, im Gedenken an diese Begegnung, ein Gedicht, dessen schönste Strophen in einen Stein des Schloßgartens eingemeißelt sind: »Hier war ich glücklich, liebend und geliebt«. Gottfried Keller, Student in Heidelberg, widmete der Alten Brücke ein liebenswertes Gedicht: »Alte Brücke, hast mich oft getragen...« Jean Paul, Victor Hugo und Mark Twain haben Heidelbergs Zauber gerühmt. Und bis in unsere Tage lebendig blieb Victor von Scheffels »Alt Heidelberg, du feine«. Ein eindrucksvolles Heidelberg-Kapitel befindet sich auch in Carl Zuckmeyers Erinnerungsbuch »Als wär's ein Stück von mir«. W. Meyer-Försters »Alt-Heidelberg« eroberte die Bühnen der Welt und Sigmund Romberg schrieb dazu die Musik eines erfolgreichen Musicals, »The Student Prince«. Carl Maria von Weber hat 1810 in Heidelberg die Anregung zu seiner Oper »Der Freischütz« empfangen. Der Student Robert Schumann wandelte sich hier zum Musiker.

Die Reihe der Heidelberger Landschaftsmalerei reicht von Georg Primavesi und dem Engländer William Turner über das Dreigestirn der Romantiker Carl Philipp Fohr, Ernst Fries und Carl Rottmann bis zu den Realisten Georg Issel und Wilhelm Trübner. Viele ihrer Bilder sind im Kurpfälzischen Museum zu sehen.

Käthchen- und Weinstadt Heilbronn

Heilbronn am Neckar, die Käthchenstadt, wurde mit Beginn des Jahres 1970 zur Großstadt. Dieser Tag ist ein Markstein in der Geschichte einer Stadt, deren Raum schon in der Steinzeit besiedelt wurde und die heute dank ihrer geographischen Lage und ihrer Standortvorteile zum Oberzentrum der Region Franken geworden ist. Der Begriff Großstadt ist nur die

äußere Dokumentation der steten Aufwärtsentwicklung eines Gemeinwesens, das die Wunden des Krieges durch enorme Aufbauleistungen überwand, die in aller Welt Beachtung und Bewunderung fanden. Heilbronn hat mit seiner Aufgabe als Oberzentrum auch eine Chance erhalten: den Ausbau der Stadt und ihres Nahbereichs zu einem leistungsfähigen, wirtschaftlichen

und kulturellen Mittelpunkt der Region Franken. Die Geschichte der Besiedlung der Talaue des Neckars im Raume Heilbronn erstreckt sich über Jahrtausende. Urkundlich faßbar wird sie jedoch erst im 8. Jahrhundert: villa Helibrunna. In späteren Jahrhunderten wurde daraus unter anderem »Heilicbrunna«, schließlich Heilbronn. Die Stadt entstand aus einem karolingischen

Königshof bei einer Neckarfurt, nahe dem »Heiligen Brunnen«, einem Stammesheiligtum der heidnischen Alamannen. Sie wurden von den christlichen Franken verdrängt, die am »Heiligen Brunnen« eine dem heiligen Michael geweihte Kapelle errichteten. Im 12. Jahrhundert finden Münze, Markt und Hafen Erwähnung. In der Stauferzeit (1225) wird Heilbronn erstmals »oppidum«, also ein befestigter Ort genannt. Für 1281 ist das erste Stadtrecht nachweisbar, 1371 besitzt die Siedlung eine reichsstädtische Verfassung. Mit der neuen Verfassung von 1371 setzt in vollem Umfang die Selbstverwaltung der Reichsstadt Heilbronn am Neckar ein, die erst im Jahre 1803 ihre Eigenstaatlichkeit verliert und im Königreich Württemberg aufgeht. Pestilenzen, Brandschatzungen und Eroberungsfeldzüge bringen zwar der Reichsstadt immer wieder schwere Einbußen an Leben und Gut.

Doch im allgemeinen sorgen Handel, Handwerk und Weingärtnerstand für wachsenden wirtschaftlichen Wohlstand, aber auch für eine gefestigte Ruhe und Sicherheit. Mit Riesenschritten entwickelt sich die württembergische Oberamtsstadt Heilbronn von der Handels- zur bedeutenden Industriestadt. Das stete wirtschaftliche Wachstum sprengt die enge mittelalterliche Ummauerung, Fabriken schießen wie Pilze aus dem Boden. Heilbronn wird im 19. Jahrhundert zur führenden Industriestadt Württembergs. Am Abend des 4. Dezember 1944 sinkt die Stadt in Trümmer, fast 7.000 Menschen kommen ums Leben.

Markantes Wahrzeichen Heilbronns ist der Turm der Kilianskirche im Zentrum. Meister Hans Schweiner baute in den Jahren 1513 bis 1529 den 62 Meter hohen Turm, der als das erste bedeutende Bauwerk der Renaissance nördlich der Alpen in die Kunstgeschichte eingegangen ist, ein Werk von phantastischer Kühnheit. Ein Zeitgenosse bezeichnete den Turm mit seinen bizarren Gestalten am Oktogon als einen »Bösewicht bis an den Himmel«. Auf die Turmspitze hat sein Erbauer einen Stadtsoldaten gestellt, das Kilians-Männle.

Den im 14. Jahrhundert im gotischen Stil erbauten, nach der Zerstörung wiederaufgebauten Käthchenhaus am Marktplatz kommt lediglich baugeschichtliche Bedeutung zu. Lisette Kornacher, deren Krankengeschichte Kleist vermutlich zu seinem Schauspiel inspirierte, soll dort – nach dem Volksmund – ihre Jugend verbracht haben.

Eine besondere Zierde der Innenstadt ist das Rathaus mit der im Jahre 1580 vollendeten Kunstuhr von Meister Isaak Habrecht, der auch die Kunstuhr im Straßburger Münster schuf. Die Baugeschichte des Rathauses – die Renaissancefassade wurde nach der Zerstörung in alter Form wiederhergestellt – geht bis in das 13. Jahrhundert zurück. Zu jeder vierten Stunde kräht der goldene Hahn unter der Uhr über den großen Marktplatz. In der Nähe von Rathaus und Kilianskirche findet sich der Deutschordenshof. Der Wiederaufbau der fast völlig zerstörten Anlage ist abgeschlossen. Verschiedene dort untergebrachte kommunale Kultureinrichtungen – Stadtbücherei, Archiv und Historisches Museum, Jugendmusikpflege und Volkshochschule – entfalten eine breite Wirksamkeit. Zeugen stolzer reichsstädtischer Vergangenheit sind auch der viereckige Götzenturm aus dem 14. und der runde Bollwerksturm aus dem 13. Jahrhundert.

Der Heilbronner Weinbau hat seit vielen Jahrhunderten seinen Einfluß auf die Menschen des Unterlandes ausgeübt. Man versteht deshalb Feste zu feiern.

Alljährlich wird Anfang September auf der Theresienwiese im Scheine vieler Lampions der »Heilbronner Herbst« mit Frohsinn und Fröhlichkeit begangen. In einem Feuerwerk, in einer faszinierenden Beleuchtung der Uferpromenade und der Baudenkmäler der Stadt, klingt dieses mehrtägige Weinfest aus.

Anschließend folgt für etwa eine Woche das Weindorf »Rund ums Rathaus«. Nicht minder attraktiv ist im Februar der Heilbronner Pferdemarkt. Und wenn es im Sommer hinausgeht zum »Unterländer Volksfest« auf der Theresienwiese, dann zählt man die Besucher gleich nach Hunderttausenden. Bei der Bevölkerung sehr beliebt sind das Stadtfest und das, durch sein vielfältiges Programm auf dem Wasser einzigartiges, Neckarfest.

Nicht vergessen werden dürfen auch die berühmten »Besen-Wirtschaften«, wo Wein vom Faß und Hausmacherwurst kredenzt werden. Wer das Laute nicht so liebt, wer lieber in Besinnlichkeit sein »Viertele« schlotzen möchte, der ist bei den Heilbronner Wirten gut aufgehoben. In idealer Weise ergänzen sich Hotels von echtem großstädtischem Zuschnitt mit gut bürgerlichen Gasthöfen, mit Weinstuben und den vielen typischen Vesper-Wirtschäfte, in denen man die bekannten schwäbischen Spätzle, die sauren Nierle und den Schwartenmagen serviert. Auch die Nachtschwärmer kommen nicht zu kurz. Abendlokale, Bars und Amüsierbetriebe bieten Abwechslung. Was Heilbronn jedoch für Einheimische und Fremde besonders schön und erholsam macht, sind seine Anlagen und Promenaden. Kein Auto ist notwendig, um schnell im Grünen zu sein. An den Uferpromenaden, an den Plätzen inmitten der Stadt und an ihrem Weichbild ist überall die pflegende Hand des Gärtners zu spüren. Er sorgt für die Erhaltung der grünen Lungen Heilbronns, das von einem reizvollen Reben- und Waldgürtel umgeben wird. Als Zentrum einer weitgespannten Region will Heilbronn auch seinen Aufgaben auf kulturellem Gebiet gerecht werden. Die Festhalle Harmonie bildet zusammen mit dem Heilbronner Theater den Mittelpunkt der kulturellen und gesellschaftlichen Aktivitäten.

In den Sälen, die durch moderne gastronomische Einrichtungen sinnvoll ergänzt werden, reicht die Skala der Veranstaltungen von anspruchsvollen Konzerten, Theateraufführungen, Unterhaltungsabenden, Modeschauen, politischen Veranstaltungen und Betriebsfeiern bis zu den Bällen der Saison und Popveranstaltungen. Dank der Festhalle Harmonie hat sich Heilbronn seinen Ruf als bedeutende Tagungsstätte bestätigt und gefestigt. Auch den Kunstschaffenden sind im repräsentativen Neubau lichte Ausstellungsräume zur Verfügung gestellt worden. Draußen im Stadtgraben spielen zum Wochenende Kapellen aus nah und fern im Musikpavillon. Sehr gut bewährt hat sich das Stadttheater in dem 1982 fertiggestellten Neubau am Berliner Platz.

Das abwechslungsreiche Programm wird vom eigenen und von Gast-Ensembles (Musiktheater) gestaltet. Das Württembergische Kammerorchester Heilbronn und der Heinrich-Schütz-Chor sind Ensembles von internationalem Rang.

Daneben bereichern Orchester- und Chorvereinigungen das kulturelle Leben. Der Kulturring Heilbronn hat es sich zur Aufgabe gemacht, durch Orchester- und Theatergastspiele auch verwöhntesten Ansprüchen zu genügen. Unter den interessantesten Sammlungen und Dokumenten im Historischen Museum und im Stadtarchiv ist der »Heilbronner Musikschatz« mit Liedgut aus dem 16. und 17. Jahrhundert ein besonders Kleinod. Heinrich Kleists Schauspiel »Das Käthchen von Heilbronn« hat den Namen der Stadt in die Welt hinausgetragen.

Schon seit 800 Jahren hat Heilbronn eine Anlände oder einen Hafen, aber bereits zuvor hatte man aus den naturgegebenen Vorteilen der Wasserstraße Nutzen gezogen. Durch den leistungsfähigen Hafen erhielt die wirtschaftliche Entwicklung ihre entscheidenden Impulse. Im Jahre 1333 verlieh Kaiser Ludwig IV. der Stadt Heilbronn das bedeutsame Recht, daß ihre Bürger den Neckar »sollen wenden und keren wohin sie dunket, daß er der Stete allernützlich sey«. Von diesem kaiserlichen Recht machten die findigen Heilbronner ausgiebig Gebrauch. Die neue Zeit des Binnenhafens der Käthchenstadt begann mit der feierlichen Eröffnung der Großschiffahrtsstraße zwischen Mannheim und Heilbronn im Jahre 1935. Heute nimmt die Metropole des Unterlands unter den deutschen Binnenhäfen mit seinem Umschlagergebnis an Massengütern der verschiedensten Art den sechsten Platz ein.

Nicht minder attraktiv und anziehend als Heilbronn selbst ist seine reizvolle Umgebung. Herrliche Höhenwege ziehen sich durch die weiten Weinberghänge. Ausflugsgaststätten, so auf dem Wartberg über der Stadt und am Trappensee oder umgeben von Wäldern am Jägerhaus, laden zum Verweilen ein. Heilbronn ist darüber hinaus aber auch ein idealer, zentral gelegener Ausgangspunkt für das mit Naturschönheiten und Kunstdenkmälern überaus reich gesegnete Hohenloher Land, für gesellige Ausflüge ins weinfrohe Neckartal mit seinen zahlreichen romantischen Burgen und verträumten Schlössern oder für eine höchst vergnügliche, kurzweilige Weinreise in die lieblich eingebetteten Täler des Unterlands und des Zabergäus. Besonders beliebt sind auch abwechslungsreiche Ausflugsreisen mit gastfreundlichen Personenschiffen auf dem Neckar. In Heilbronn befindet sich eine der schönsten Jugendherbergen von ganz Deutschland, unmittelbar am Rande des Weinberggürtels.

Theodor Heuss schrieb seine Doktorarbeit im Jahre 1905 über das Thema »Weinbau und Weingärtnerstand in Heilbronn« und blieb als Kenner dem edlen Tropfen aus seiner Unterländer Heimat zeitlebens eng verbunden. Der rote, süffige Trollinger und der spritzige Weißriesling sind neben anderen köstlichen Spezialitäten die Hauptsorten. Der Wein hat Heilbronn mitgeprägt.

Bedeutende Heilbronner:

Julius Robert Mayer (1814–1878)
Arzt und Naturforscher, Entdecker des Gesetzes von der Erhaltung der Energie. Sein Denkmal steht vor der Festhalle Harmonie.
Wilhelm Maybach (1846–1926)
»König der Konstrukteure«
Andreas Mauser (1794–1861)
Stammvater der weltbekannten Waffenfabrikanten-Familie
Dr. Friedrich Stolz (1860–1936)
Chemiker bei den Farbwerken Hoechst. Er entdeckte das Heilmittel »Pyramidon«
Friedrich Heinrich Füger (1751–1818)
Bedeutender Kunstmaler und Miniaturist.
Georg Christian Kessler (1787–1842)
Weltbekannter Sektfabrikant.
Theodor Heuss (1884–1963)
Ehrenbürger der Stadt, Erster deutscher Bundespräsident und ehemaliger Chefredakteur der Heilbronner Neckar-Zeitung

Heilsbronn

Die Stadt ging aus bescheidenen Anfängen hervor. Im 8. Jahrhundert gründete wohl ein fränkischer Siedler namens Hahold im quellreichen Grund der Schwabach ein Dorf, das nach ihm Haholdsbrunn genannt wurde. Bischof Otto der Heilige von Bamberg stiftete hier 1132 ein Eigenkloster, das er dem strengen Reformorden der Zisterzienser übergab. Die Mönche, in der Blütezeit 72 an der Zahl, latinisierten den Ortsnamen zu »fons salutis« – die verdeutschte Form ist Heilsbronn. Ein kraftvolles kirchliches Zentrum mit überregionaler Kultur- und Wirtschaftsbedeutung entstand in den folgenden vier Jahrhunderten. Durch die enge Verbindung zu mächtigen Territorialherren wie den Abenberger Grafen und ihren Erben den Hohenzollern, erhielt die Münsterkirche die zusätzliche Bestimmung einer hochadeligen Grablege: allein 21 Angehörige der Hohenzollern-Familie fanden hier eine letzte Ruhestätte. Ihre Sarkophage und Totenschilde, so wie die ihrer Ministerialen, künden von einem reichen Teil deutscher und europäischer Geschichte. Die Klosterzeit endete 1578 mit dem Tode des letzten Abtes Melchior Wunder, der zugleich auch der letzte Mönch gewesen war. Vier Jahre später richtete Markgraf Georg Friedrich die Fürstenschule in den Klostergebäuden ein, ein humanistisches Gymnasium, das 1736 nach Ansbach verlegt wurde. Bedeutende Männer der Wissenschaft gingen aus dieser Schule hervor, wie der Entdecker der Jupitermonde, der Astronom Simon Marius oder lehrten an ihr wie Professor Ludwig Hocker, Mitglied der Königlich Preußischen Akademie der Wissenschaften zu Berlin. Das Schul- und Bildungswesen wird heute getragen von der Grund- und Hauptschule, der 11-klassigen Georg-Friedrich-Realschule, dem Katechetischen Amt der Evangelischen Landeskirche Bayerns, dem Institut für Lehrerfortbildung und dem städtischen Kulturreferat mit seinem reichhaltigen Programm.

Das Heilsbronner Münster, das Refektorium und die katholische Kirche »Unsere Liebe Frau« bieten den würdigen Rahmen für die Heilsbronner Klosterkonzerte und zuweilen für die Ansbacher Bachwoche und die Internationale Orgelwoche Nürnberg.

Ein beheiztes Freibad (mit 3-m-Turm und Terrassenrestaurant), ein Trimmdich-Pfad (Vita-Parcours), der Waldspielplatz im Eichenhain sowie Reitmöglichkeiten in der Umgebung laden zu aktiver Erholung ein. Fast 100 km Rundwanderwege erschließen den Klosterwald und das waldreiche Umland, das wegen seines günstigen Geländes auch für Radtouristen anziehend ist. Überdies bieten zahlreiche Vereine interessierten Mitarbeitern Gelegenheit, auf verschiedenen Gebieten der Freizeitgestaltung tätig zu sein.

Neben altansässigen, rührigen Gewerbe- und Handwerksbetrieben, Fleisch- und Wurstwarenfabrikation, Fensterfabrik, Druckerei siedelten sich 1958 bis 1970 Kunststoff- und Spielwarenbetriebe mit beachtlicher Kapazität an, die sich in den letzten Jahren ständig erweitert haben.

Vielleicht sind die Klarsichthüllen für Ihr Frühstücksbrot oder die elektrische Eisenbahn Ihres Sohnes Heilsbronner Arbeit?

Rund 800 Pendler suchen darüber hinaus täglich ihren Arbeitsplatz im benachbarten Industriezentrum des Raumes Nürnberg auf.

Heilsbronn ist eine Stadt, von der sich mit Walter von der Vogelweide sagen läßt: »Lange möchte ich leben darin«.

Veranstaltungen

Lichtmeßmarkt im Februar, »Klosterer Kärwa« im Oktober, Kathreinmarkt im November, Heilsbronner Klosterkonzerte.

Langenburg in Hohenlohe

Die Burgenstraße erreicht von Braunsbach im Kochertal herkommend Nesselbach, wo man heute noch Wälle und Schanzen der alten Ortsbefestigung erkennt. Früher standen hier 2 Türme mit Zollstation. Auf der Fahrt hinunter ins Jagsttal nach Bächlingen kann man auf halber Strecke auf dem gegenüberliegenden Bergrücken schon Schloß Langenburg erblicken.

Bächlingen hat eine über 1000 Jahre alte Kirche mit Epitaph des Ritters Burkhard von Bächlingen, genannt Rezzo. Die Kirche war die Urkirche Langenburgs, und wohl auch Wehrkirche. Auf der Fahrt hinauf nach Langenburg hat man das Hohenlohe-Schloß mit seiner wuchtigen Befestigungsmauer und den Türmen im Visier. Die Einfahrt nach Langenburg erfolgte früher durch das untere Stadttor, das im 19. Jh. abging. Schloß Langenburg, heute noch von der Familie Hohenlohe bewohnt, beherbergt das Schloßmuseum, sowie im Marstall des Schlosses das Deutsche Automuseum.

In der Hinteren Gasse im alten Rathaus und heutigen Carl-Julius-Weber-Haus, ist das Natur-Heimatmuseum untergebracht. Geburtshaus des Philosophen Carl Julius Weber war das heutige Rathaus. Langenburg war auch Wirkungsort von Agnes Günther, die von 1891 bis 1906 als Pfarrersfrau hier wirkte. Hier ist auch die Heimat der Wibele.

— Abseits der Burgenstraße, jagstabwärts in Unterregenbach, gibt es die Krypta und das Grabungsmuseum zum »Rätsel von Regenbach« zu besichtigen. —

Die Ausfahrt gen Rothenburg erfolgt durch das Obere Tor neben dem wuchtigen Torturm.

Bekannte Langenburger:

Weber, Carl Julius, Schriftsteller, Satiriker und Philosoph; bedeutender Feuilletonist, u.a. »Demokritos« oder »Hinterlassene Papiere eines lachenden Philosophen«, geboren 1767 in Langenburg, gestorben 1832 in Kupferzell; Grabstein im Kupferzeller Friedhof.

Günther, Agnes, wohnhaft von 1891 bis 1906, bekannt durch ihren Roman »Die Heilige und ihr Narr«.

Mannheim

Von altersher Schnittpunkt der Straßen und Schienen, ist Mannheim zugleich Ausgangsort der Burgenstraße, des Völkerwegs von der Mündung des Neckars flußaufwärts bis zur kantig aufragenden Burg zu Nürnberg. In Mannheim selbst steht keine Burg mehr. Nur einige am Rheinufer eingefügte Steine erinnern an die Zollburg Eichelsheim, die vermutlich auf einem römischen Kastell errichtet, im 17. Jahrhundert zerstört wurde. Aber das größte Barockschloß blieb Basis für den Grundriß der Quadratestadt. Und mit seinen Dimensionen, dem weitstrahlenden Glanz als kurfürstliche Residenz, blieb es zudem Symbol für eine Art hanseatischen Selbstverständnisses, Selbstbewußtseins der Mannheimer. Wer nicht weiß, daß in diesem 450 Meter langen Komplex mit 500 Räumen und 2000 Fenstern Mozart die Musik der Mannheimer Schule und die erste deutsche Oper hörte, daß es hier quasi als erste Gesamthochschule schon 1763 die Kurpfälzische Akademie der Wissenschaften und so manches andere, zu seiner Zeit einzigartige gab, wer nicht versteht, weshalb Mannheim »das europäische Florenz« genannt wurde, dem mögen es die Mannheimer heute erst gar nicht erklären.

Sie selbst fanden es selbstverständlich, daß Carl Philipp seine Residenz von Heidelberg herab an den Rhein verlegte. Daß Carl Theodor dann mit Schätzen beladen nach München zog, schließlich Karlsruhe, dann Stuttgart Regierungssitz wurden, das freilich haben sie so ganz noch nicht verwunden. Was nichts daran ändert, daß mit ihrer Stimme erst Baden und Württemberg zusammenfanden. Denn eine der Tugenden der Menschen an der Rhein-Neckar-Ecke war schon immer praktizierte Toleranz.

Im Bewußtsein der Bewohner, und selbst wenn sie erst nach 1945 in die zerbombte Stadt zuzogen, ist Mannheim noch heute das Herz der Kurpfalz — wie immer das umrissen werden mag. Geblieben ist das Mannheimer Alphabet von A 1 bis U 6, klar und hilfreich für jeden, der nach kurzer Mühe Sinn und Logik dieses Systems anstelle von Straßennamen erfaßt. Wer dann begriffen hat, daß »L 3, 10« auf dem Briefkopf kein Aktenzeichen, sondern die Adresse des Finanzamtes ist, wird gar bedauern, daß Buchstaben und Ziffern nur für die engere City innerhalb des Rings, also nur ein Zwölftel der Stadt reichen. »Ein Theater, um das herum eine Stadt gebaut wurde«, das ist Mannheim auch heute noch, obwohl das neue Nationaltheater knapp außerhalb der Quadrate, die Schillerbühne an der Goethe-Straße liegt. Noch immer gilt die Redensart, in dieser Stadt gebe es ebensoviele Bürger wie Intendanten, der einzige, der vom Theater keine Ahnung habe, erhalte das Amt. Nur spannt heute keiner der 300 000 Mannheimer einem gefeierten Künstler die Pferde aus, um ihn in der Kutsche selber heimzuziehen. Schließlich liefen just in dieser Stadt das erste Fahrrad, das erste Automobil und der erste Bulldog der Welt. 1975, zur Bundesgartenschau, schnurrte zudem eine neuartige Hochbahn elektrisch auf waagerechtem Seil. Und das legendäre »Mannheim vorne« gilt für vieles andere.

Es erhält nun besondere Bedeutung, wenn die Riedbahn, die aus dem Hessischen kommenden Züge übers Hafengebiet von Westen her in den Hauptbahnhof rollen und dann nach Süden weiterfahren können, ohne hier oder anderswo umspannen zu müssen. Denn das hatte zu jenem Hinweis der Bahnbediensteten geführt, der den Reisenden nach Mannheim galt, wenn der Zug zum andern Teil nach Heidelberg abgetrennt werden mußte. Der Hauptbahnhof Mannheim, wichtigster Intercity-Knotenpunkt schon jetzt, wird nun noch Ausgangspunkt der Schnellbahntrasse nach Stuttgart — mit mehr als 200 km/h werden dann da nun Züge im Tunnel unter etlichen Burgen durchbrausen.

Ein Grund für manchen mehr, beschaulicher auf der romantischen alten Burgenstraße nach Osten zu reisen. Sich zu erfreuen an vielem, das erhalten ist, bewahrt, gepflegt wird.

Bedauern es die meisten inzwischen, die Ruine des Alten Kaufhauses am Paradeplatz abgetragen zu haben, statt es wieder als Rathaus so aufzubauen, wie man mit seinen Arkaden ringsum schätzte, so hat man sich doch auf allerlei wieder besonnen, was man schon einmal besaß. So ist nun gar das Planetarium wieder zustandegekommen, einst als erste kommunale Einrichtung dieser Art auf der Welt gefeiert, nachdem ja auch das Theater die erste kommunale Bühne war. Das Sternentheater weist zudem nach Osten, erneut setzt die Stadt hier Ringe an. Und wenn erst der Erweiterungsbau für das Reiß-Museum und das Technische Landesmuseum stehen, wird aus dem einstigen Fischerdorf über die Hafenstadt und Wirtschaftsmetropole der Weg zur bedeutenden Stadt der Museen vollendet sein.

Wie anderswo Schilder »Universitätsstadt« aufzustellen, hat man sich hier erspart. Wo noch residiert eine Universität im Schloß und existiert außerdem noch eine Medizinische Fakultät an den Krankenanstalten! »Mannem vorne!«, das ließe sich ferner angesichts der weiteren Bildungsstätten konstatieren, denn auch eine Akademie der Bundesanstalt für Arbeit und eine der Bundeswehr, das gibts halt nur in Mannheim.

Wäre wenigstens noch die Kunsthalle zu nennen, weil sie ebenfalls dank eines Erweiterungstrakts zeigen kann, was bislang in Magazinen schlummerte und weil mit diesem Bau der Friedrichsplatz, diese einzigartige und größte Jugendstilfassade rings um den Wasserturm und seine Wasserspiele komplett ist.

Gewiß, der Glanz der Residenz ist verloschen und es schmerzt, so viele Kostbarkeiten, die einst das Schloß beherbergte, heute vor allem in München wiederzusehen. Immer wieder hat Mannheim Zerstörungen und Veränderungen hinnehmen müssen, Geschichte mehr erlitten als gestaltet. Und als die Schiffe rheinauf nicht mehr hier Anker warfen, um ihre Fracht für Süddeutschland zu löschen, sondern bis nach Basel und Stuttgart weiterfuhren, weil die BASF an das linke Ufer abwanderte und dort erst zum Chemie-Giganten wuchs, hat man sich immer wieder auf anderes, neues besinnen müssen. »Aus eigener Kraft«, so hatte es Wilhelm Wundt, der Begründer der systematischen Psychologie bei der 300-Jahr-Feier seiner Heimatstadt 1907 zum Motto vorangestellt. Aus eigener Kraft ist diese Stadt wiedererstanden und mit dem sommerlangen Fest 1975 attraktiver und grüner geworden als irgendeiner glaubt, der das Mannheim von heute nicht kennt. Und hätte die Stadt ihre eigenen Reize nicht, sie wäre eine Reise wert schon wegen ihrer Lage. Zwischen Wein- und Bergstraße, mit Orten wie Worms, Speyer, Weinheim, Heidelberg, Schwetzingen im 20-Kilometer-Radius.

Da findet man denn, um den Startplatz für die Burgenstraße zu rechtfertigen, der Burgen aller Epochen viele. Vom Kloster Limburg über Bad Dürkheim bis zu der erst in unserem Jahrhundert errichteten Wachenburg bei Weinheim. Bequemer und rascher als es jeh den Kurfürsten möglich war, gelangt man beispielsweise nach Schwetzingen, wo gar die berühmte Allee nun wieder so aussieht wie zur Zeit der dortigen sommerlichen Residenz. Denn die längst über das Schloß ragenden Bäume mußten gefällt, ersetzt werden. Geblieben ist indessen hier ebenso der Zauber, Romantik, zeitlose Schönheit der Landschaft mit scheinbar spielerischen Bauten ohne konkreten Zweck, deshalb eben so liebenswert und Ziel derer, die noch Muße haben, sich zu freuen, verzaubern zu lassen.

Nürnberg

»Nürnberg ist die schönste Stadt, die ich je gesehen habe, sie ist in ihrer Ganzheit ein wahrhaftiges Kunstwerk. Die Zierlichkeit, Heiterkeit und Reinheit dieser mannigfaltigsten Schönheitslinien füllte mich mit den wohltuendsten Empfindungen«.

So enthusiastisch, empfindsam und mit romantischem Überschwang wie der Dichter Adalbert Stifter im Jahre 1869 haben nicht alle Besucher geschwärmt. Die meisten Äußerungen jedoch, die von prominenten Besuchern der Stadt über die Jahrhunderte hinweg erhalten sind, rühmen »des deutschen Reiches Schatzkästlein« wegen seiner großartigen Bauwerke, seiner unermeßlichen Kunstschätze, seiner kulturellen Taten bedeutender Männer, loben das handwerkliche Geschick seiner Bewohner, die weitblickende Tatkraft seiner Kaufleute und überhaupt die unvergleichliche Atmosphäre der alten freien Reichsstadt.

Der Reisende von heute begegnet in Nürnberg auf Schritt und Tritt den Zeugen einer 900jährigen Geschichte, in der sich Epochen stolzer Würde ebenso spiegeln wie Perioden des Niedergangs und des Mißbrauchs, wo geistige Klarheit ebenso in Erscheinung tritt wie romantische Versponnenheit. Er erlebt eine Stadt, an der Historie und Gegenwart der Deutschen gleichermaßen abzulesen sind, wo die eindrucksvollen Denkmäler des Erfindungsreichtums und des kulturellen Selbstbewußtseins vieler Jahrhunderte mitten im bunten Leben einer modernen, dynamischen Metropole stehen. Nach der fast totalen Zerstörung des historischen Nürnbergs im Zweiten Weltkrieg (die Altstadt lag zu über 90 Prozent in Schutt und Asche) hat ein weiser Rat alle Absichten abgewehrt, eine »tabula rasa« zu konservieren oder, wie es in manchen anderen Städten geschah, auf den Trümmern eine ausschließlich moderne City zu errichten. Er entschied sich für den behutsamen Wiederaufbau der alten Stadt und er tat gut daran. Jeder, der nach Nürnberg kommt, kann sich davon überzeugen. So klingt es wie auf den heutigen Tag gemünzt, was »Meyer's Universum« 1837 über Nürnberg schrieb: »Solche Mannigfaltigkeit schützt den Reisenden vor der Langeweile, die ihn so oft anwandelt, wenn er nach der Schnur gebaute Städte unserer Zeit zu beschauen geht, in denen ein Haus und ein Platz dem anderen ähnlich sieht, wie ein Soldatenrock dem andern.«

Man mag darüber spekulieren, warum »Nürnberg der Augapfel der Fürsten und Herren« (E.T.A. Hoffmann) war. Jedenfalls verordnete Kaiser Friedrich II. in seinem Großen Freiheitsbrief 1219: »...auf künftige Zeiten unabänderlich zu halten, daß jeder Bürger dieses Orts keinen anderen Schutzherrn haben soll, als Uns und Unsere Nachfolger, die Römischen Könige und Kaiser«. Und Karl IV. legte fest, daß jeder künftige Kaiser seinen ersten Reichstag in Nürnberg abhalten müsse.

Die Kaiserburg ist daher auch der »Augapfel« der Nürnberger, und sie nennen die Veste, an der jahrhundertelang gebaut wurde, gerne die »Krone« ihrer Stadt. Hier wohnten die Kaiser, von hier hat man den schönsten Blick über die spitzgiebligen Dächer, auf die hochragenden Kirchen, bis hin zur Skyline der Trabantenstädte und auf das dunkle Grün der weitläufigen Föhrenwälder, die noch heute nach den beiden Hauptkirchen St. Lorenz und St. Sebald benannt sind. Diese Hauptkirchen: Gotisch emporstrebende Zeugnisse frommen Bürgersinns, äußerlich für den Unkundigen auf den ersten Blick kaum zu unterscheiden, im Innern unverwechselbare »himmlische Hallen«, ausgeschmückt mit herrlichen Kunstwerken, von denen nur die größten hier genannt seien: Der Engelsgruß von Veit Stoß, das Sakramentshäuschen von Adam Kraft, das Sebaldusgrab von Peter Vischer. Zwischen diesen beiden »hohen Häusern« steht am Ufer der Pegnitz die Kirche »Zu Unserer Lieben Frau«. An ihrer Westfront setzten die Nürnberger dem Kaiser Karl IV. ein liebenswürdiges Denkmal: Das »Männleinlaufen«, eine Kunstuhr. Jeden Mittag um 12 Uhr erweisen hier die sieben Kurfürsten dem Kaiser ihre Referenz, bestaunt von hunderten Touristen auf dem Platz davor, dem »Hauptmarkt«. Dort steht auch der »Schöne Brunnen«, den viele Sagen umranken und in dessen Gitter kunstvoll der Glücksring eingeschmiedet ist. Verliebte Leute drehen gern daran, um ihr junges oder auch schon reiferes Glück zu bekräftigen. Auf diesem Platz wird jedes Jahr ein Weihnachtsmärchen zum Ereignis: Der weltberühmte Christkindlesmarkt, die zauberhafte Budenstadt »aus Holz und Tuch gemacht« bringt die Kinderaugen zum Strahlen und versetzt die Erwachsenen zurück in eine vielleicht glücklichere Zeit. Ähnliches tut, ein paar Häuser weiter, das Spielzeugmuseum: Hier ist der Nabel der »Weltstadt des Spielzeugs«. Eine der bedeutendsten und schönsten Präsentationen deutscher Kunst und Kultur bietet das Germanische Nationalmuseum am Kornmarkt, in seinem Kern ein altes Kartäuserkloster.

Unterhalb der Burg steht das Wohnhaus von Albrecht Dürer. Hier, am Tiergärtnertor, ist der schönste Platz Nürnbergs. Besonders an lauen Sommerabenden ist er Treffpunkt von enthusiasmierten Gästen aus aller Welt.

Und weil wir schon Dürer sagen: Ein paar Namen müssen noch genannt werden aus der großen Kulturgeschichte der Stadt. Wie der des Humanisten Willibald Pirkheimer, wie Martin Behaim, Peter Henlein, Hans Sachs, Regiomontan, Anselm und Ludwig Feuerbach, die schon zitierten Adam Kraft, Veit Stoß, Peter Vischer. Die Aufzählung wäre noch lange fortzusetzen. Und sie stammt nicht nur aus der Zeit, als Nürnberg »die Mitte Deutschlands und des ganzen Europa«, als es »Vaterland der Klugheit und Wohnhaus der Künstler« genannt wurde.

Zentral liegt Nürnberg verkehrstechnisch noch heute. Es ist von einem Netz von Autobahnen umgeben, sein Hafen am Main-Donau-Kanal ist der Schwerpunkt an dieser Wasserstraße zwischen Nordsee und Schwarzem Meer, die in wenigen Jahren ganz befahren werden kann, und sein Flughafen wird von Passagieren und Piloten in der Beliebtheits- und Sicherheits-Skala ganz oben angesetzt. In Handel und Wandel hat Nürnberg an seine große Tradition angeknüpft. Unternehmen von Weltrang haben den sprichwörtlichen Erfindungs- und Kaufmannsgeist der alten Nürnberger erfolgreich fortgesetzt und tragen den Namen und die Erzeugnisse der Stadt in alle Welt.

In Nürnberg läßt es sich gut leben. Es hat einen der schönsten Zoos Europas, seine Bürger verstehen die Feste zu feiern, die Küche ist bodenständig, fränkisch-deftig, das Bier steht dem bayerischen nicht nach, Bratwürste und Lebkuchen sind die bekanntesten Spezialitäten. Die Umgebung hat landschaftlich und kulturell viele Reize zu bieten; wer nach den vielen Erlebnissen in der Stadt noch Zeit dazu hat, wird reich belohnt.

Martin Luther hat es zwar in einem anderen Zusammenhang gemeint, trotzdem sei sein Lob nicht verschwiegen: »Nürnberg leuchtet in ganz Deutschland wie eine Sonne unter Mond und Sternen.«

Berühmte Nürnberger

Veit Stoß, Holzschnitzer	(1447–1533)
Adam Kraft, Bildhauer	(1455–1508)
Martin Behaim, Erbauer des ersten Globus	(1459–1507)
Peter Vischer, Erzgießer	(1460–1529)
Willibald Pirkheimer, Rechtsgelehrter u. Humanist	(1470–1530)
Albrecht Dürer, Maler	(1471–1528)
Peter Henlein, Erfinder der Taschenuhr	(1480–1542)
Hans Sachs, Dichter und Meistersinger	(1494–1576)
Johann Pachelbel, Organist u. Komponist	(1653–1706)
Cramer-Klett, Gründer der MAN	(1817–1884)
Sigmund Schuckert, Erfinder und Industrieller	(1846–1895)
Hermann Kesten, Schriftsteller	(geb. 1900)
Friedrich Hagen, Schriftsteller	(1903–1979)

Rothenburg o.d.T.

Die Spuren der ersten Besiedlung des Gebietes von Rothenburg ob der Tauber reichen bis in die graue Vorzeit zurück. Schon rund 500 Jahre vor unserer Zeitrechnung erhob sich eine Wallburg der Kelten über dem Taubertal (Engelsburg).

Der Stadtteil Detwang wurde um 960 n. Chr. gerüstet. Die älteste Festungsanlage des Mittelalters entstand ein Jahrzehnt später. Im Jahr 1142 ließ König Konrad III. hier eine Reichsburg erbauen, die jedoch 1356 durch ein Erdbeben zerstört wurde. Am 15. Mai 1274, vor 710 Jahren, erhob König Rudolf I. Rothenburg ob der Tauber zur Freien Reichsstadt. Damit begann ein glanzvoller Aufstieg. Der Ort entwickelte sich zu einem Handelszentrum. Bald nahm er eine führende Stellung innerhalb der mächtigen süddeutschen Städtebünde ein. Etwa 180 Ortschaften gehörten zu seinem Territorium. Im Jahre 1377 trat in Rothenburg der Reichstag zusammen. Um 1400 zählte man 6000 Einwohner. Diese glorreiche Zeit fand jedoch mit Bürgermeister Topplers gewaltsamem Tod im Jahr 1408 ein jähes Ende. Nun wurde das Schicksal der Stadt wechselhaft. Von 1450 bis 1455 waren die Zünfte ihre Herren. Im Jahr 1525 erlitt die Bürgerschaft eine schwere Niederlage im schrecklichen Bauernkrieg. 1544 schloß sie sich dem Protestantismus an. Im Dreißigjährigen Krieg wurde die Stadt wohl nur durch den legendären Meistertrunk des Alt-Bürgermeisters Georg Nusch vor dem Verderben gerettet; das war am 31. Oktober 1631. Von 1650 bis zum Beginn des letzten Jahrhunderts dämmerte Rothenburg ob der Tauber als einer der vielen unbedeutenden Zwergstaaten Mitteleuropas dahin. Im Jahr 1802 verlor es die Reichsfreiheit und wurde dem Königreich Bayern einverleibt.

In der wenig später folgenden Epoche der deutschen Romantik verwandelte sich die mittelalterliche Stadt in ein Paradies der Maler und Dichter. 1825 kam Ludwig Richter, 1858 Carl Spitzweg. Diese beiden und unzählige andere Künstler begründeten den Weltruf des romantischen Rothenburg. Damit setzte auch der Zustrom der Touristen ein.

Hier kann der Gast wieder Stimmungswerte entdecken, die er längst verloren glaubte.

Ein Kupferstich des berühmten Schweizers Matthäus Merian d.Ä. aus Basel (1593–1650) zeigt die türmereiche Silhouette der hochgebauten Stadt von der Engelsburg aus. Um der Wahrheit gleich die Ehre zu geben: Die Engelsburg ist lediglich ein interessanter Aussichtspunkt über dem Westufer der Tauber. Dort hat sich noch der Wall einer keltischen Fliehburg erhalten. Wer das Gesamtbild Rothenburgs erfassen möchte, findet indes kaum eine bessere Position. Sie begeisterte schon Merian, den Schöpfer der »Topographia«, im Jahre 1648. Wer heute mit einer Reproduktion seines Kupferstichs in der Hand zur Engelsburg hinaufzieht, kann die Inspiration des Künstlers leicht nachvollziehen. Vor allem aber wird er überrascht feststellen, daß sich seit Merians Zeiten kaum etwas am Panorama Rothenburgs verändert hat. Die Dachmassen der Kirchen, die Wucht der Türme und das Gewirr der Hausgiebel vergegenwärtigen, mit welchem Wohlgefallen der Schweizer Rothenburg als das »fränkische Jerusalem« einst betrachtet haben muß.

Wie war es überhaupt möglich, eine solche Stadt sozusagen im Zustand ihres historischen Optimums zu erhalten? Die rüde Art, in der während des ungehemmten Wirtschaftswachstums der 50er und 60er Jahre vielerorts Modernisierungen vorgenommen wurden, hat jedenfalls in Rothenburg kaum sichtbare Spuren hinterlassen. Trotz schwerer Kriegszerstörungen halfen Appelle an den Bürgersinn und an die vielen Freunde in der weiten Welt, notwendige denkmalpflegerische Initiativen auf den Weg zu bringen. Den Rest bewirkte eine Baugestaltungsverordnung, die selbst kleine Details nicht dem Zufall überließ, wie etwa die Maße von Fenster und Türen. So blieb Althergebrachtes bis in die Wohnungen der Altstadt hinein bewahrt. Dissonanzen durch Neu- und Umbauten konnten vermieden werden. Geschichte, die in Rothenburg mit einem staufischen Kaisersitz begann, ist in der »Modellstadt Tourismus« auf Schritt und Tritt erlebbar. Den Damen mit wieder modern gewordenen Pfennigabsätzen an eleganten Schuhen bringt sie sich allerdings manchmal auch etwas schmerzhaft in Erinnerung: beim Flanieren auf ungewohntem Kopfsteinpflaster, beispielsweise.

Die eigentliche Ursache solcher niemals verblichenen Schönheit erscheint verblüffend. Der mittelalterlichen Blütezeit und dem Niedergang im Dreißigjährigen Krieg folgten recht magere Jahrhunderte mit permanentem Geldmangel im Stadtsäckl. Selbst für die dringlichsten Sanierungs- und Modernisierungsmaßnahmen konnten die Rothenburger keinen müden Gulden locker machen. Das erwies sich als wahrer Segen und machte die Geschlossenheit des organisch gewachsenen Ortsbildes zum Dauerzustand. Erst der Krieg beendete diese Idylle. 1945 sank die ganze östliche Kernstadt in Trümmer, der Renaissancebau des Rathauses brannte aus, die Wehranlagen waren von schweren Schäden gezeichnet.

Längst sind diese Kriegsspuren beseitigt. Anders als Anno Tobak aber müssen Stadt und Bürger heute enorme Summen aufwenden, um ihrer Vergangenheit eine Zukunft zu sichern.

Ob wichtige Details oder ganze Ensembles: Rothenburg reflektiert denkmalpflegerische Akkuratesse. Es scheint, als ob sich auch die privaten Besitzer historischer Häuser und Bauten zu einer »Partei der Kontinuität« formiert hätten. Überall tauchen wieder originale Farbtöne auf, wie sie ehedem die mittelalterliche Optik prägten. Reichverzierte Portale und kunstvolle Wirtshausschilder setzen einladende, gastfreundliche Akzente. Auch das ist in der Tauberstadt wieder möglich geworden: Zweieinhalb Kilometer bei Platzregen spazierengehen und trotzdem keine nassen Füße kriegen. Solchen Trimm-Komfort bietet die Rothenburger Wehrmauer, deren

überdachter Ostabschnitt von der Klingen- über Röder- bis zur Spitalbastei längst wieder in voll begehbaren Zustand versetzt wurde.

Schon bald nach Kriegsende erging ein Ruf an die Rothenburg-Fans im In- und Ausland, sich an der Restaurierung der Stadtmauer zu beteiligen. Mit knapp hundert Mark für einen laufenden Meter war der Spender dabei und sah seinen Namen an der jeweiligen Stelle in Stein »verewigt«.

Geradezu spannend ist ein Wehrmauer-Spaziergang; er mutet geradezu idyllisch an. So idyllisch wie der Rothenburg-Blick aus mittelhoher Perspektive, den man von der Wehrmauer aus genießt.

Übrigens weiß Rothenburg die Fülle seiner architektonischen Schönheit ins rechte Licht zu rücken. Seine Tore, Türme und Basteien, Brunnen und Plätze, seine sakralen und profanen Bauwerke erwachen nach Sonnenuntergang aus ihren Träumen, wenn überall die Scheinwerfer aufflammen. Wer solchen »Leitstrahlen« folgt, findet immer den Weg zur »Herzkammer« des Stadtwesens, zum Marktplatz, wo sich Rothenburg mit der bewegten Fassade seines Renaissance-Rathauses monumental präsentiert.

Jetzt ist es aber höchte Zeit, noch von einer anderen Perspektive zu reden. Einst war Rothenburg vor allem eine Besichtigungsstadt. Man kam, sah, staunte und fuhr weiter. Dieses Image wurde inzwischen einer gründlichen Korrektur unterzogen. Das neue Erscheinungsbild hat erlebnisbestimmte Konturen: Rothenburg, die Stadt, in der sich ein längerer Aufenthalt lohnt, weil dort Vergangenheit und farbige Urlaubsgegenwart den gleichen Stellenwert haben. Nicht nur das Mittelalter will in Rothenburg ausgelotet sein, sondern auch die reizvolle Umgebung mit dem »Lieblichen Taubertal« und dem Naturpark »Frankenhöhe«. Touristikstraßen von Weltruf kreuzen sich hier, die »Romantische Straße« (Würzburg-Füssen) und die »Burgenstraße« (Mannheim-Nürnberg). Beide führen durch fränkisches Land, das Geschichte, Kunst und Kultur wie kaum ein anderes geadelt haben.

Sein glanzvolles reichsstädtisches Erbe pflegt Rothenburg schließlich das ganze Jahr hindurch mit festlichen

Spielen und anderen Aktivitäten. Im Mittelpunkt stehen da immer wieder der »Meistertrunk«, dem auch der stilechte Heereszug mit Lagerleben während der Pfingsttage zuzurechnen ist, der figurenreiche Schäfertanz und die köstlichen Hans-Sachs-Spiele mit Schwänken des Nürnberger Schuhmacher-Poeten. Um diesen »harten Kern« des Rothenburger Festkalenders gruppiert sich eine bunte Folge von Kunst und Musik, Unterhaltung und Folklore, Sport und Hobby.

Fünf bereits traditionell zu nennende Höhepunkte haben sich unter all diesen fröhlichen Offerten herausgeschält, beginnend mit dem Osterprogramm und den Pfingstfestspielen. Einen beschwingten Nachklang bringen die Rothenburger Sommertage, ehe die längst zum »Markenartikel« gewordenen Reichsstadt-Festtage Gästen und Besuchern am jeweils zweiten September-Wochenende ganz neue Erlebnisdimensionen erschließen. Sieben Jahrhunderte deutscher und fränkischer Geschichte passieren dann im Zeitrafferstil Revue. Quasi das volle Menschenleben von Anno dunnemals entfaltet sich in der Altstadt, wo es an allen Ecken singt und klingt.

Bevor sich ein weiteres Jahr dem Ende zuneigt, feiert die Tauberstadt ihren Alt-Rothenburger Weihnachtsmarkt und ihr »Wintermärchen«, diesmal vom 1. Dezember bis zum 1. Januar 1985. Zentrum des Geschehens ist ein stimmungsvolles Raumbild, der Platz zwischen dem Rathaus und der kathedralen St. Jakobs Kirche. Andernorts längst vergessene Adventsbräuche werden da wieder aufgenommen oder neu belebt, so der Lichterzug der Schulkinder, Umzüge der kleinen Sternsinger, die fränkische Weihnachtskrippe oder die Abendwanderung mit anschließender Waldweihnacht.

Rothenburg ob der Tauber gehört dem Gestern ebenso wie dem Heute an. In dieser Stadt macht man die beglückende Erfahrung, daß wir in einer Zeit leben, die noch aus der Fülle des Vorhandenen schöpfen darf. Der Gast sollte vor allem zwei Dinge mit nach Hause nehmen: die Freude am Schönen und die große Ruhe, die alles Beständige ausstrahlt.

Hans-J. Wissmann

Schwäbisch Hall

Im Norden von Baden-Württemberg liegt die alte Reichsstadt Schwäbisch Hall. Malerisch steigen die Häuser aus dem tiefeingeschnittenen Tal des Kochers empor, überragt von der mächtigen romanisch/gotischen Stadtkirche St. Michael und dem »Neubau«, der seit 1527 diesen Namen trägt. Er war einst Zeughaus und Kornspeicher der Stadt. In der Region Franken, zu der Schwäbisch Hall gehört, ist Hall, nach Heilbronn, mit 32 000 Einwohnern die zweitgrößte Stadt. Aus dem reichsstädtischen Bürgerstolz – heute noch sichtbar an vielen Bauten aus Stauferzeit, Barock und Renaissance – erwuchs ein kulturell äußerst lebendiges Gemeinwesen, das sich diese Atmosphäre bis heute bewahrte.

Bereits in vorchristlicher Zeit war der Ort besiedelt; bedeutende Funde weisen darauf hin, daß zur Zeit der Kelten hier eine Salzindustrie bestand. In diese Zeit geht auch der Ortsname »Hall« zurück, der Salzstätte bedeutet. Im Jahr 1037 wird Hall zum erstenmal urkundlich genannt und zur Zeit der Staufer planmäßig ausgebaut; die Stadt erhielt Markt- und Münzrecht. Die Haller Saline war die größte Salzgewinnungsstätte im Südwesten. Noch heute fließt die Quelle, die den Reichtum der Stadt begründete. Die Sole wird heute im gemütlichen neuen Solbad genutzt. Heilanzeigen: u.a. für Bandscheiben- und Wirbelsäulenschäden, rheumatische und gichtische Erkrankungen und für Krankheiten der Atemwege.

Von den bedeutenden Epochen des Mittelalters zeugen noch heute zahlreiche Bauwerke: der zierliche Pranger, der schön gestaltete Fischbrunnen, die mächtige Freitreppe, die zu St. Michael hinaufführt und mit ihren 54 Stufen Deutschlands größte und schönste Kirchentreppe ist.

Nach dem Stadtbrand, der 1728 einen großen Teil der Stadt in Schutt und Asche legte, entstand die Stadt prächtiger als zuvor. Das Rathaus, als anmutiges Schlößchen gestaltet, wurde anstelle der romanischen Jakobskirche errichtet. Neu erbaut wurde auch das Hospital zum Heiligen Geist, in dem sich die Fürsorgeeinrichtungen der Reichsstadt befanden. Heute bieten diese Räume, mit der prächtig ausgestatteten Hospitalkirche dem Goethe-Institut eine Heimstatt von besonderem Reiz. Prunkvolle barocke Bürgerhäuser zeugen von dem Wohlstand, der in der Stadt herrschte und der auf Salz- und Weinhandel begründet war.

Kulturelles Zentrum zu sein, diesen Anspruch hat sich Schwäbisch Hall bis in die Gegenwart bewahrt. Seit nahezu 60 Jahren finden jeden Sommer auf der großen Kirchentreppe Freilichtspiele statt. Inszeniert werden von namhaften Regisseuren Werke der Weltliteratur. Konzerte geben im Sommer den zahlreichen Plätzen der schönen Fußgängerzone und den reizvollen Innenhöfen eine fast südliche Atmosphäre. Eine nahezu in der ganzen Bundesrepublik bekannte Marionettenbühne hat ihr »Stammhaus« in Schwäbisch Hall. Alle Marionettenfreunde werden hier gern mit diesem Spiel vertraut gemacht. Traditionelle Feste, zum Teil nach jahrhundertealten Regeln gefeiert, zeigen die Verbundenheit mit der Geschichte.

Vor den leider nicht mehr vorhandenen Toren der alten Reichsstadt liegt die Comburg, ein mächtiger Bau, der Epochen der Romanik, Gotik und des Barock in sich vereinigt. Einst als Grafenburg erbaut, doch bereits 1079 in ein Benediktinerkloster umgewandelt, hat sich die hochgelegene Comburg ihren wehrhaften Charakter bis heute bewahrt. Das Innere der Nikolaikirche auf der Comburg birgt große Kunstwerke aus der ersten Hälfte des 12. Jahrhunderts. Hier befindet sich auch einer der drei noch vorhandenen Radleuchter; er hat einen Umfang von 16 Metern und enthält 412 figürliche Darstellungen. Den Burgcharakter unterstreicht die völlige erhaltene Ummauerung mit dem Wehrgang, der begangen werden kann. Entlang des Kochers führt von Schwäbisch Hall ein schöner Spazierweg zur Comburg empor.

Wen Kunst und Geschichte weiter verlocken, der findet auf dem Gegenhang die »Kleincomburg«, eine rein romanische Basilika, die einst als Propstei eine Art Filiale und Verwaltungssitz für die großen Comburger Besitzungen war.

Ergänzende Erläuterungen zu den Bildern

Sehenswürdigkeiten

Mannheim

Mannheim, nach seiner Gründung im Jahre 1606 Residenz der Kurfürsten von der Pfalz von 1720 bis 1778, nimmt heute eine führende Stellung im Großraum Rhein-Neckar ein. Die Stadt ist die zweitgrößte in Baden-Württemberg. Sie wird als »Quadratestadt«, nach der Aufteilung der Innenstadt in 144 »Quadrate« nach Buchstaben und Nummern, anstelle von Straßennamen, bezeichnet.

Seite 21 *Das ehemalige Kurfürstliche Residenzschloß in Mannheim ist ein eindrucksvoller Auftakt für die Burgenstraße. Als Barockbau ist es das größte seiner Art in Deutschland. Ärger mit den Heidelbergern aus religiösen Gründen veranlaßten Kurfürst Carl Philipp (1661 bis 1742) seine Residenz nach Mannheim zu verlegen. Unter ihm und seinem Nachfolger Carl Theodor wurde das Schloß 1720 bis 1760 erbaut. Nach der weitgehenden Zerstörung im 2. Weltkrieg erfolgte der Wiederaufbau ab 1947. Heute ist das Schloß der Sitz der Universität. Die historischen Räume, Haupttreppenhaus, Rittersaal und Kleine Bibliothek sind zugänglich. Der Rittersaal ist ein prächtiger Rahmen für Repräsentationsveranstaltungen und festliche Konzerte.*

Seite 22 *Der Wasserturm (60 m hoch) ist das Wahrzeichen der Stadt. Er wurde 1886–1889 von dem Stuttgarter Architekten Halmhuber erbaut, damals noch vor der Stadt, am Schnittpunkt der Heidelberger Straße und des Rings. Der eigenwillige Bau im römischen Stil ist Mittelpunkt des Friedrichsplatzes mit Wasserbecken, Grünflächen, Blumenrabatten und Wasserspielen. Diese großartige Anlage ist 1899–1903 nach den Plänen von Bruno Schmitz (1858–1910) entstanden, dem Architekten des Völkerschlachtdenkmals in Leipzig. Dieser fertigte auch den Entwurf für den Jugendstilbau ROSENGARTEN, der 1974 zu einem modernen Kongreßzentrum erweitert wurde.*

Jesuitenkirche
Sie wurde von 1733–1755 nach den Plänen von Alessandro Galli da Bibiena aus einer berühmten Bologneser Architektenfamilie erbaut und nach dessen Tod von Rabaliatti vollendet. Vorbild war Il Gesù, die berühmte Hauptkirche des Jesuitenordens in Rom. Charakteristisch sind zwei Fassadentürme und die mächtige Kuppel. Der Bau gilt als die bedeutendste Barockkirche Südwestdeutschlands. Nach schweren Beschädigungen im 2. Weltkrieg wurde der Wiederaufbau 1961 abgeschlossen.

Sehenswürdigkeiten:

Kurfürstliches Residenzschloß (1720–1760), größtes Barockschloß Deutschlands, mit großzügigem Ehrenhof, prächtigem Rittersaal, Haupttreppenhaus und Schloßkirche; Jesuitenkirche (1733–1760), bedeutendste Barockkirche am Oberrhein; Verbindungsbau Altes Rathaus/Untere Pfarrkirche (1700–1723), ältestes Gebäude der Kurfürstenzeit, am Marktplatz, mit Glockenspiel (tgl. 7.45 , 11.45, 17.45 Uhr); Nationaltheater (1779), bekannt durch seinen ersten Intendanten, Freiherr von Dalberg (1750–1806), und berühmt geworden durch die Uraufführung von Schillers »Die Räuber«, 1782, nach der Zerstörung 1943 Neubau mit zwei Bühnen 1957 an einem anderen Platz (Goetheplatz); Jugendstilanlage Friedrichsplatz, mit Wasserturm (1886–1889), Wahrzeichen von Mannheim, und Wasserspielen, und Kongreß- und Veranstaltungszentrum Rosengarten; Luisenpark; Fernmeldeturm (205 m) mit Drehrestaurant (125 m); Herzogenriedpark.
Die Fußgängerzonen Planken und Breite Straße sowie die ausgedehnten Hafenanlagen sind weitere Sehenswürdigkeiten. Neuerbautes Planetarium.
Museen und Sammlungen:
Städt. Kunsthalle, Reiß-Museum im ehem. Zeughaus, mit verschiedenen Sammlungen, u.a. Theatersammlung; Rheinschiffahrtssammlung.

Schwetzingen

Seite 23 *Schwetzingen, nicht weit von Heidelberg und Mannheim, durch seinen Spargel bekannt, war einst Sommerresidenz der Kurfürsten von der Pfalz. Der letzte von ihnen (Carl Theodor, 1742 bis 1799) ließ nach dem Vorbild von Versailles den Schloßgarten großartig ausbauen und ausschmücken, ein Attribut des Glanzes an seinem Hof. Das 1752 im Rokokostil errichtete Hoftheater gehört zu den schönsten aus dieser Zeit. Alljährlich im Mai finden hier die SCHWETZINGER FESTSPIELE statt, ein Ereignis im reizvollen historischen Rahmen für alle Kunstfreunde aus Nah und Fern. Zu den Gästen des glanzvoll geführten fürstlichen Hofes gehörten einst auch Voltaire und der 7jährige Mozart mit seiner 12jährigen Schwester, der aus Anlaß eines ersten Besuches in Mannheim bei einem Konzert im Rokokotheater mitwirkte.*
(Oberes Bild) Das Schloß wird rechts und links von den Zirkelbauten (1748–1754) flankiert, die halbkreisförmig Verbindung zum Garten haben. Das Bild zeigt den nördlichen Zirkelbau.
(Unteres Bild) Gartenseite des Schlosses mit den zwei Eckpavillons, vor einem Teil des 1748 im französischen Stil geometrisch angelegten Parks; 1778 erfolgte ein Ausbau im Stil englischer Gartenbaukunst. Mit 76 ha ist der Schloßgarten der größte in Deutschland.

Berühmt durch seine Schloß- und Parkanlage sowie durch den Spargelanbau. Ehemalige kurfürstliche Sommerresidenz.
Schloß (1350), Neubau 1699 bis 1750, Rokokotheater 1752; großartiger Schloßgarten nach Versailler Vorbild, Moschee, Skulpturen.

Heidelberg

Die einstige Residenz der Kurfürsten von der Pfalz (bis 1720) und berühmte alte Universitätsstadt zählt in der ganzen Welt zu den romantischsten Städten Deutschlands. Dieser Ruf ist auf die schöne Lage zwischen den bewaldeten Höhen des Neckartales, die Ausstrahlung der alten Stadt und die imposante Ruine des Schlosses zurückzuführen.

Seite 24/25 *Wie immer und zu welcher Jahreszeit man Heidelberg auch sieht, vom Tal aus oder von den bewaldeten Hängen, die links und rechts zum Neckar hinunterziehen, die gewaltige Ruine des Schlosses in rotem Sandstein, aus dem Bergwald am Nordhang des Königstuhls herausgebaut, steht beherrschend im Blickfeld. »Schwer in das Tal hing die gigantische schicksalskundige Burg« (Hölderlin). Auf der prächtigen Schauseite der größten und schönsten Schloßruine Deutschlands treten die im Bild vom Tal aus charakteristischen Bauteile hervor: Links der Glockenturm, anschließend der Gläserne Saalbau, die Fassade des Friedrichsbaus mit dem Altan davor, der Faßbau, der Englische Bau und die Ruine des Dicken Turms, der einst ein starkes Bollwerk gegen das Tal war, 1689 aber von innen gesprengt wurde. Im Vordergrund die Alte Brücke (1786–1788) und die malerischen Tortürme mit den barocken Turmhelmen.*

Seite 25 *Im Heidelberger Schloßhof fesselt immer wieder die überreich mit Gestalten, Säulen und Gesimsen geschmückte Renaissancefassade des Ottheinrichsbaus, dem wohl berühmtesten Bauwerk der deutschen Renaissance. In dessen Erdgeschoß befindet sich das Deutsche Apothekenmuseum.*
Das Bild gewährt von oben, von der Molkenkur, einen Blick in den Schloßhof. Rechts ist der Ottheinrichsbau zu erkennen, links anschließend der Glockenturm und der Gläserne Saalbau mit seinen Loggien, im Vordergrund der Torturm (52 m).

Seite 26 *»Du, der Vaterlandstädte ländlich schönste, soviel ich sah«, heißt es wiederum bei Hölderlin. Er hatte dabei wohl solch einen Blick auf die Stadt, den Neckar und die letzten Hänge des Odenwaldes vor Augen. In der Bildmitte die Heiliggeistkirche (1399 bis 1441), Grablege der Kurfürsten. Bis 1623 war hier die berühmte »Bibliotheca Palatina«, die wertvollste Sammlung des Abendlandes, untergebracht. Nach der Eroberung Heidelbergs durch Tilly wurde sie als Schenkung für den Papst auf 50 Wagen quer durch Süddeutschland und Norditalien nach Rom transportiert. Ein kleinerer Teil, darunter die berühmte »Manesse-Handschrift«, kam zurück.*

Sehenswürdigkeiten:

Schloß, erbaut ab 14. Jh., zerstört 1689 und 1693 in den Pfälzischen Erbfolgekriegen, »Die schönste Schloßruine der Welt«: Ottheinrichsbau (1556 bis 1566), Friedrichsbau (1601 bis 1607), mit prächtigen Renaissancefassaden, Großes Faß (1751), größtes Holz-Weinfaß der Welt (221 726 Liter), berühmter Zwerg Perkeo. »Alte Brücke« (1786 bis 1788) mit Brückentor und -türmen (13. Jh.); Heiliggeistkirche (1400), größte gotische Kirche im kurpfälzischen Bereich, kurfürstliche Grablege; Haus zum »Ritter« (1592), mit schöner Renaissancefassade; Windsheimer Zwölfbotenaltar (1507 bis 1509) von Tilman Riemenschneider im Kurpfälzischen Museum; in der Universitätsbibliothek Heidelberger Liederhandschrift (Manessische Handschrift), kostbare Sammlung mittelhochdeutscher Lyrik mit zahlreichen Miniaturen (14. Jh.), 1622 in Holland, später in Paris, und auf Reichskosten 1888 zurückerworben von der Nationalbibliothek in Paris. Geburtshaus von Friedrich Ebert (1871–1925), 1. Reichspräsident (1919). Philosophenweg; Heiligenberg, Aussichtsturm, Reste keltischer Ringwälle und des Michaelsklosters (um 870). Molkenkur, Königstuhl (568m), Aussichtsturm, Bergbahn.
Museen: Deutsches Apothekenmuseum; Kurpfälzisches Museum; Universitätsbibliothek; Völkerkunde-Museum.

Stift Neuburg

Stift Neuburg bei Heidelberg, neckaraufwärts, ist auf der Fahrt nach Neckargemünd auf dem rechten Neckarufer zu sehen. Gründung 1130 als Benediktinerkloster, 1825 Kauf durch Fritz Schlosser, Neffe von Goethes Schwager. Treffpunkt deutscher Romantiker; hier schrieb Carl Maria von Weber Teile seiner Oper »Der Freischütz«. Stift Neuburg ist seit 1925 wieder im Besitz der Benediktiner.

Neckargemünd

Die ehemalige Freie Reichsstadt (1200–1395), dann kurpfälzisch, Fischer- und Schifferstadt, ist wegen ihrer hübschen Lage in waldreicher Umgebung ein beliebter Erholungs- und Ausflugsort in der Nähe von Heidelberg (10 km). In Neckargemünd wechselt die Burgenstraße zum rechten Neckarufer.

Sehenswürdigkeiten:

Malerisches Stadtbild mit Fachwerkhäusern (16., 17. Jh.). Rathaus (1777), ehem. lutherische Kirche; Pfarrkirche (16., 18. Jh.), Karlstor (1788), zu Ehren von Kurfürst Carl Theodor.

Dilsberg

Seite 27

In der Nähe von Neckargemünd liegt malerisch auf einem Bergkegel über dem Neckar die einstige Bergfeste Dilsberg, ehemalige Jagdburg der Kurfürsten von der Pfalz. Von hier aus hat man eine weite Sicht über die Wälder des Odenwaldes und ins Neckartal.

Sehenswürdigkeiten:

Großartige Burganlage. Hauptburg mit gewaltiger Mantelmauer (12., 14. Jh.), Vorburg mit Bandhaus (1537), Ring- und Festungsmauer, Wehrgang, Burgbrunnen, 100 m tief, mit unterirdischem, 82 m langem Gang.

Neckarsteinach

Seite 28

Neckarsteinach, wo ehemals viele Neckarschiffer wohnten, an der großen Flußschleife, die sich um den Dilsberg zieht. Vier Burgen, von denen die Mittelburg und die Vorderburg noch bewohnt sind, liegen auf halber Höhe über Neckarsteinach, als Ruinen die Hinterburg und das Schwalbennest oder Schadeck.

Wie ein großes Schwalbennest wurde die Burg, deren Ruine diesen Namen trägt, auf einem Felsen bei Neckarsteinach erbaut.

Sehenswürdigkeiten:

Vierburgenstadt.
Vorder- und Mittelburg, Ruinen Hinterburg, mit Bergfried (staufisch) und Palas, Schadeck (genannt »Schwalbennest«), mit Schildmauer und zwei kleinen Rundtürmen, Wahrzeichen der Stadt. Schönes altes Stadtbild, Fachwerkhäuser, spätgotische Kirche (1481–1483).

Hirschhorn

Seite 29

Nur wenig überragt der Bergfried die hohe Schildmauer von Hirschhorn. Das Schloß und die malerische Neckarstadt gehören seit 1803 zum Land Hessen.
Die Altstadt, mauerbewehrt und auf engem Raum zusammengedrängt, die Klosterkirche mit auffallend spitzem Dachreiter, unter dem hohen, mehrgeschossigen Renaissance-Schloß, Theodor Heuss empfand alles als »das Glück im Neckarwinkel«.

Ersheimer Kapelle, auf der linken Seite des Neckars, gegenüber von Hirschhorn. Sie gilt als die älteste Kirche im unteren Neckartal. Die Geschichte des Baues geht bis zum Jahr 773 zurück; die Siedlung Ersheim wird 250 Jahre später erwähnt. Die Kapelle diente den Rittern von Hirschhorn als Grablege. An sie erinnern Wappen im Chorgewölbe und zahlreiche Epitaphe. Vor der Kirche steht eine gotische Säule, der »Elendstein« (15. Jh.), als Totenleuchte.

Sehenswürdigkeiten:

Landschaftlich schöne Lage an der großen Neckarschleife. Mittelalterliches Stadtbild, Stadtmauer, Fachwerkhäuser. Karmeliter-Klosterkirche (1406). Über der Stadt Schloß Hirschhorn (13. Jh.) – heute Hotel-Restaurant. Am linken Neckarufer Ersheimer Kapelle (773), älteste Kirche des Neckartals.

Eberbach

Seite 30

Im historischen Stadtkern der ehem. Freien Reichsstadt (1235–1297), der teils noch von Mauern umgeben ist, scheint die Zeit angesichts ihrer Höfe, Giebeldächer und Türme stehengeblieben. Umso lebensvoller und gegenwärtiger ist die neue Kur- und Ausflugsstadt. Einer der Stadttürme und ein Stadtmauerrest.

Sehenswürdigkeiten:

Schöne Lage im unteren Neckartal, in waldreicher Umgebung. Historischer Stadtkern; Stadtmauer, Türme, als Rest der ehem. Stadtbefestigung, Fachwerkhäuser, »Altes Badhaus« (mittelalterliches Badehaus). Burgruine Eberbach (11. Jh.).

Stolzeneck

Sehenswürdigkeiten:

Schöne Lage auf einem Bergsporn über dem linken Neckarufer neckaraufwärts nach Eberbach. Ruine einer einstigen Reichsburg, mit später wechselnden Besitzern, u.a. den Kurfürsten von der Pfalz, im 30jährigen Krieg zerstört. Sehenswert die 21 m hohe Schildmauer; die Wehrplatte ist durch eine innere Steintreppe zugänglich.

Zwingenberg

Auffällige, gut erhaltene gotische Burganlage über dem Neckar. Die ursprüngliche Burg wurde 1363 wegen der unrechtmäßigen Erhebung von Zöllen bei den Neckarschiffen zerstört; ihr Wiederaufbau erfolgte ab 1404. Seit dem 15. Jh. ununterbrochen bewohnt. Schloßherr ist heute Prinz Ludwig von Baden, ein Nachfahr des Großherzogs Carl Friedrich von Baden, der im Jahre 1808 das Schloß käuflich erworben hatte.

Sehenswürdigkeiten:

Bergfried (13. Jh.), 42 m hoch, Hauptburg, Vorburg, Schildmauer (15. Jh.), Kapelle mit gut erhaltener Wandmalerei.
Hinter dem Schloß die wildromantische Wolfsschlucht, die Carl Maria von Weber zur gleichnamigen Szene in seiner Oper »Der Freischütz« angeregt haben soll. In der Nähe flußaufwärts am linken Neckarufer ein Fischreiherhorst.

Neckargerach

Sehenswürdigkeiten:

Margaretenschlucht. Minneburg, ansehnliche Ruine im Bergwald über dem linken Neckarufer, gegenüber von Neckargerach, über die Minneburg-Brücke erreichbar. Die Burg (12. Jh.) wurde im 16. Jh. großzügig ausgebaut, 1622 zerstört. Bergfried (12. Jh.), 17 m hoch, 20 m hohe Schildmauer, Zwingeranlage mit großen Wehrtürmen und -mauern, Eckturm als ehem. Geschützbastion, Burggraben, dreigeschossiger Palas mit Treppenturm (1521, 1607) und durchgehendem gotischem Aussichtserker, vom Tal aus sichtbar.

Minneburg

Von dem schönen Bau der Minneburg ist eine eindrucksvolle Ruine mit ihren leeren Fensterhöhlen übrig geblieben.
»....sinnt diese Werk alle vollbracht...« Mit Erinnerungstafeln wie dieser haben sich auch auf der Minneburg die Handwerksmeister und Bauherren im Stein verewigt.

Obrigheim

Ehem. Römersiedlung. Schloß Neuburg, ursprünglich Hohinrot (14. Jh.), Anbau mit Staffelgiebel 1598. Heute Hotel-Restaurant (Rittersaal, Konferenzräume, Neckarterrasse).

Neckarelz

Ein eigentümliches Bauwerk ist das sogenannte »Tempelhaus« in Neckarelz: ein hohes Haus mit steilem Satteldach und schmalem Glockenturm. Die Entstehung geht vermutlich in die Zeit vor dem 12. Jh. zurück. Eine Beziehung zum Templerorden ist urkundlich nicht erwiesen. Im 13. und 14. Jh. werden die Johanniter als Besitzer genannt. Seit 1705 Pfarrkirche.

Mosbach

Stadt der Fachwerkbauten. Pfalzgräfliche Residenz von 1410–1499. Zahlreiche stattliche Häuser verleihen der schönen Stadt ihren eigenartigen Reiz. Sie zeugen von dem Wohlstand, der schon früher hier herrschte. Die alemannischen und fränkischen Balkenstellungen und das übrige Zierwerk der Zimmerleute vereinigen sich, wie hier am Marktplatz, zu pittoresken Bildern.

Aus der einstigen mittelalterlichen Burg entstand durch Umbau das Residenzschloß der Pfalzgrafen Otto I. und Otto II.

Schmalbrüstig und bis zum zweiten Stock hinauf mit Weinreben umrankt, zieht das Haus Kickelhain immer wieder die Augen der Kunstfreunde in Mosbach auf sich. Erbaut wurde es 1788. Es ist heute Teil des Stadtmuseums.

Sehenswürdigkeiten:

Malerisches Altstadtbild. Rathaus (1559) mit Turm, 34 m hoch (12. Jh.); Stadtkirche (1410, 15. Jh.); zahlreiche Fachwerkhäuser im alemannischen (1450) und fränkischen (1600) Baustil, u.a. Palm'sches Haus (1610), Haus Kickelhain. Reste der Schloßanlage (11., 15. Jh.).

Kulturzentrum mit Heimatmuseum.

Burg Hornberg — Seite 36

Über breit hinaufgestuften Weinbergen liegt die Burg Hornberg (1070) über Neckarzimmern. Mit ihr ist untrennbar der Name des Ritters Götz von Berlichingen (1480–1562) verbunden. Er lebte ab 1517 bis zu seinem Tod auf der Burg. Hier verfaßte er seine berühmte Lebensbeschreibung. Sie regte den 24jährigen Goethe zu seinem Schauspiel »Götz von Berlichingen« an; es hält die Erinnerung an den streitbaren Ritter mit der eisernen Hand aufrecht. In Jagsthausen, Götzens Geburtsort, steht das Stück seit der Gründung der Burgfestspiele im Jahre 1950 alljährlich auf dem Spielplan. Burg Hornberg gehört seit 1612 den Freiherren von Gemmingen-Hornberg. Im umgebauten ehem. Pferdestall heute das Hotel-Restaurant »Im Alten Marstall«.

Sehenswürdigkeiten:

Oberburg, Ruine mit hohem Bergfried und dreigeschossigem Palasbau, Unterburg mit starken Wehrmauern, Wohnsitz der Besitzerfamilie. Museum.

Gundelsheim — Seite 37

Das mächtig hingelagerte Schloß Horneck war einst, was die schräg gestreiften Fensterläden noch heute erkennen lassen, mit seiner Weinbauern-Ortschaft die Residenz der Deutschen Ordensritter.

Sehenswürdigkeiten:

Altes Stadtbild, Mauer mit Türmen, Fachwerkhäuser; malerischer Weinort am Beginn der Schwäbischen Weinstraße. Ehem. Deutschordensschloß Horneck (15., 16., 18. Jh.), zweitgrößtes Schloß im Neckartal, beherrschende Lage über der Stadt, am Eingang zum Odenwald. Große Schloßanlage mit Höfen und Bergfried, von 1438 bis zur Zerstörung im Bauernkrieg 1525 Sitz der Deutschmeister. Vom nahen Michaelsberg schöner Blick auf das Neckartal.

Siebenbürgisches Museum und Museum der Stadt Gundelsheim (im Schloß Horneck).

Guttenberg — Seite 38

Aus staufischer Zeit (12. Jh.) stammt die Burg Guttenberg am linken Neckarufer, gegenüber von Gundelsheim. Die nie zerstörte Burganlage, mit Bergfried und Schildmauer (12. Jh.), ist ein gutes Beispiel mittelalterlicher Befestigungsanlagen und Wohnkultur. Spätgotische Kapelle (1471). Burgschenke. Die Burg ist seit 1449 im Besitz der Freiherren von Gemmingen-Guttenberg.

Sehenswürdigkeiten:

Burgmuseum. Das interessanteste Schaustück ist eine Holzbibliothek, die wegen ihrer Originalität berühmt ist. Dabei handelt es sich nicht um eine Sammlung von Büchern im üblichen Sinne. Vielmehr sind in Holzkästchen in Buchform die Merkmale aller Baum- und Straucharten untergebracht, die im ausgehenden 18. Jahrhundert in deutschen Wäldern vorhanden waren, also eine Art Herbarium. Die Kästchen sind aus dem Holz der dargestellten Baumart gefertigt, der Rücken aus deren Rinde. Die Blätter, Blüten und Wurzeln sind so präpariert, daß sie noch heute im Originalzustand zu sehen sind. Im Buchrücken ist eine handgeschriebene Erklärung. Die Bibliothek umfaßt 90 Kästchen; sie stammt aus der Hand von Candid Huber, einem um 1780 bekannten Botaniker. Als Verwalter des Ebersberger Forstes der Benediktinerabtei Niederalteich in Niederbayern besaß er die Fachkenntnisse für das Werk.

Deutsche Greifenwarte.
Auf Burg Guttenberg besteht seit 1971 die Deutsche Greifenwarte von Claus Fentzloff, der aufgrund langjähriger Erfahrungen einen guten Ruf als Ornithologe hat. Unter seiner Leitung werden Greifvögel gezüchtet, darunter Seeadler und andere vom Aussterben bedrohte Greifvögel. In den letzten Jahren

wurden von der Zuchtstation über 20 Seeadler in Deutschland, Schweden, in der Tschechoslowakei und Frankreich ausgewildert. Besonderes Interesse finden die täglichen Flugvorführungen mit Adlern, Geiern und anderen Greifvögeln. Von einer Terrasse aus können sie beim Kreisen im Freiflug oder beim Anflug zur Station beobachtet werden.
Öffnungszeiten:
1. März – 20. November von 9.00–18.00 Uhr;
Flugvorführungen täglich um 11.00 und 15.00 Uhr.

Burg Ehrenberg	Seite 39	*Von der stattlichen Ruine Ehrenberg ist nur noch die Vorburg bewohnt. Von den Höhen aus blickt man über den Neckar hinweg, weit in die Ebene mit ihren im Sommer wie vergoldet glänzenden Felderstreifen hinein.*

Sehenswürdigkeiten:

siehe Bad Rappenau.

Morgenstimmung im Neckartal	Seite 40/41	*»Es glüht der alte Felsen* *Und Wald und Burg zumal,* *Berauschte Nebel wälzen* *sich jäh hinab ins Tal.«*

Eduard Mörike

Bad Rappenau	Seite 42	*gehört zu den nahe beieinander liegenden »Salzstädten« im Heilbronner Neckarraum. Die Entwicklung zum Kurort begann im Jahre 1822, als man in 180 m Tiefe auf Salz stieß und die Sole alsbald als Heilmittel zu nutzen begann. Heute zählt Rappenau, seit 1930 mit »Bad« im Ortsnamen, zu den am meisten aufgesuchten Heilbädern in Baden-Württemberg.* *Der 1190 erstmals erwähnte Ort gehörte seit Ende des 16. Jahrhunderts bis 1806 den Herren von Gemmingen. Einer von ihnen erbaute von 1601–1603 das Wasserschloß; es macht mit seinen beiden Rundtürmen und einem schönen Renaissanceportal einen stattlichen Eindruck. Der einstige Herrensitz dient heute als Rathaus.*

Sehenswürdigkeiten:

Wasserschloß (1601–1603). Sole-Förderungsanlage mit historischem Tretrad.

Burg Ehrenberg (12. Jh.), sehenswerte Burganlage am linken Neckarufer, Schildmauer, Ruinen des ehem. Palas und der Kemenate (um 1450), Bergfried (13. Jh.), 50 m hoch.

Im Stadtteil Heinsheim Barockschloß, seit 350 Jahren im Besitz der Familie von Racknitz (heute Hotel-Restaurant).

Heinsheim	Seite 42	*Ein Stadtteil von Bad Rappenau, liegt im Gegensatz zu diesem direkt am Neckar. Frühere Besitzer des Ortes, der in seinem Ursprung auf das 10. Jahrhundert zurückgeht, waren die Herren von Ehrenberg. Ihnen folgte die aus der Steiermark stammende Familie von Racknitz. Das als Landsitz recht stattlich wirkende Barockschloß stammt aus der Zeit um 1730. Die Familie hat hier nach dem 2. Weltkrieg, 1956, ein Hotel-Restaurant eingerichtet; ihm gibt ein Park mit alten Bäumen einen schönen Rahmen.*

Bad Wimpfen	Seite 43	*Nur wenige Giebel und Türme bilden die unvergleichbare Silhouette der alten Stauferstadt Wimpfen am Berg. Seit dem vorigen Jahrhundert ist die Stadt auch Badeort. Die auffälligsten Teile der einstigen Befestigungsanlage sind der »Rote Turm« (12. Jh.), als Wahrzeichen der Stadt der mächtige »Blaue Turm«, östlich davon das »Steinhaus« (1200), das als das größte romanische Wohngebäude Deutschlands gilt.*

Buckelige Gassen mit Kopfsteinpflaster, Fachwerkhäusern und mit vielen Blumen auf den Fensterbänken, ein Bild im alten Wimpfen.

Die Galerie der romanischen kurzen Doppelsäulen mit ihren jeweils anderen Ornamenten in der Nordwand des zerstörten Palas der Kaiserpfalz.

Sehenswürdigkeiten:

Bad Wimpfen am Berg: Malerischer mittelalterlicher Stadtkern (unter Denkmalschutz), Fachwerkhäuser, schöne Silhouette. Größte staufische Kaiserpfalz nördlich der Alpen (um 1200). Reste der einstigen Befestigungsanlagen, Blauer Turm (Wahrzeichen der Stadt), westlicher Bergfried, und Roter Turm (12. Jh.), östlicher Bergfried, Steinhaus (ab 12. Jh.), größtes romanisches Wohngebäude Deutschlands, romanische Doppelarkaden vom früheren Palas, Pfalzkapelle (1200), Schwibbogentor, Heilig-Geist-Spital (1233), Badhaus (1534), Wormser Hof (1220), Adlerbrunnen (1576), Löwenbrunnen (16. Jh.). Stadtkirche (ab 1300), mit Wandmalereien (14. Jh.), Hochaltar (1519). Kruzifix (1481), abnehmbarer Corpus mit natürlichem Haar; bei der Kirche Kreuzigungsgruppe (um 1515) von Hans Backoffen aus Mainz. Ehemalige Dominikanerkirche (13. Jh.), ehemaliges Dominikanerkloster (14. Jh.) mit Kreuzgang.
Bad Wimpfen im Tal: Ritterstiftskirche St. Peter (10./11., 13. Jh.), bedeutender Kirchenbau im schwäbischen Bereich; lebhaft gestaltete Südfront des Querschiffes (1269 bis 1274) mit reich geschmücktem Portal, gotischer Kreuzgang mit schönen Maßwerkfenstern.
Museen: Heimatmuseum; Ödenburger Heimatmuseum.

Bad Friedrichshall   Seite 44

An der Einmündung der aus Hohenlohe heranfließenden Zwillingsflüsse Jagst und Kocher in den Neckar, eine der »Salzstädte« an der Burgenstraße. Der Stadtteil Kochendorf weist drei Schlösser auf. Am stattlichsten von ihnen wirkt mit seinem Renaissancegiebel das Bergschloß auf dem Lindenberg über dem Ort, nach seinen einstigen Besitzern auch »Greckenschloß« genannt. Es wurde 1599–1602 anstelle einer vermutlich im Bauernkrieg zerstörten Höhenburg errichtet; nach dem Aussterben der Grecken ging es schließlich 1762 in den Besitz des Ritterkantons Odenwald über. Dieser verlegte seinen Sitz von Heilbronn nach Kochendorf. Bei der Mediatisierung 1806 zunächst württembergisch geworden, wurde das Schloß 1914 aus Privathand von der Gemeinde erworben; es dient heute Wohnzwecken.

Altväterlich mutet das hübsche Fachwerk-Rathaus von Kochendorf mit seinem Glockentürmchen an. Links ein Gasthausschild mit dem Habsburger Doppeladler.

Sehenswürdigkeiten:

Stadtteil Kochendorf: Schloß (1600); ehem. Wasserschloß Lehen (1553), (heute Hotel); Altes Rathaus (Fachwerkbau 1597). Steinsalzbergwerk Kochendorf.

Neckarsulm   Seite 45

Deutschordensstadt von 1484 bis 1806. Weinstadt an der Schwäbischen Weinstraße. Wilhelm Ganzhorn, Verfasser des Liedes »Im schönsten Wiesengrunde«, war von 1859 bis 1878 Oberamtsrichter in Neckarsulm. Audi-Werke. Ritterlich stolz mit seinen Treppengiebeln und den schräg gestreiften Fensterläden erinnert das Deutschherrenschloß von Neckarsulm an seine Vergangenheit. Hier ist das Deutsche Zweiradmuseum untergebracht.

Ein Laufrad, wie es der Herr von Drais in Mannheim vorgeführt hat, und Hochräder, die noch kurz vor der Jahrhundertwende üblich waren — Vorläufer der donnernden Maschinen, die unweit entfernt von den NSU-Fließbändern kamen.

Sehenswürdigkeiten:

Deutschordensschloß mit Turm (15. Jh.), seit 1956 Deutsches Zweiradmuseum; Rathaus (1720) mit schöner Rokokofassade. Stadtpfarrkirche St. Dionys, barock (1706–1710).

Heilbronn

Die einstige Freie Reichsstadt ist als Käthchen- und Weinstadt bekannt. Sie liegt inmitten einer fruchtbaren Aue des Neckartales und ist Oberzentrum der baden-württembergischen Region Franken, mit starker wirtschaftlicher und kultureller Ausstrahlung. Der Weinbau und die Neckarschiffahrt waren schon im Mittelalter Grundlagen für eine günstige wirtschaftliche Entwicklung. Als Heilbronn 1803 württembergisch wurde, war die Stadt schuldenfrei.

Seite 48 *Heilbronn von oben, aus SW; Weinberge und Wälder rahmen die Stadt im Nordosten und Osten ein. Rechte Bildmitte: der Jägerhauswald, links anschließend der »Weinsberger Sattel« und weiter der bewaldete Höhenzug zum Wartberg (308 m) mit Höhenrestaurant. Dahinter das Sulmtal mit Binswangen, Erlenbach und (rechte Bildseite) Weinsberg. Im Vordergrund links Staustufe des Neckarkanals und rechts abzweigend der Neckarlauf zur Stadtmitte. Im Vordergrund unten das Gelände der Landesgartenschau 1985 (im Bau).*

Seite 57 *Kirchhausen, 1972 eingegliedert, ist der westlichste Heilbronner Stadtteil, schon dem Kraichgau zugewandt. Seine Geschichte geht bis ins 10. Jh. zurück. Ab dem 14. Jh. war es hauptsächlich bei Württemberg. Um 1435 konnte sich der Deutschorden im Ort festsetzen. Unter dem Deutschmeister Heinrich von Bobenhausen entstand 1570–1576 das Deutschordensschloß. Mit geschwungenen Giebeln, 4 Rundtürmen mit Kegeldächern, einem Glockentürmchen, einem rundbogigen Tor mit einem Pförtchen daneben und den Fensterläden in den Farben des Deutschordens, bietet die Anlage einen hübschen Anblick und setzt einen gefälligen Akzent im Ortsbild.*

Seite 58 *Das Heilbronner Renaissance-Rathaus mit dem Käthchen-Hochzeitszug.*
Die Kunstuhr, mit einem besonderen Aufbau an der Vorderseite des Rathauses angeordnet, gliedert sich in astronomische, Zeit- und Mondphasenuhr. Angezeigt werden Wochentage, Monate, Datum, Sonnen- und Mondstand, sowie die Mondphasen. Zu den verschiedenen beweglichen Figuren gehört ein Hahn, der um 4, 8 und 12 Uhr kräht und die Flügel ausbreitet.
Das viel Aufmerksamkeit erregende Kunstwerk aus dem Jahre 1580 stammt von Isaak Habrecht aus Schaffhausen, dem Erbauer der Straßburger Münsteruhr.

Seite 59 *Die Kilianskirche mit dem Kiliansturm (1513 bis 1529), der durch seinen eigenwilligen Aufbau und grotesken Skulpturenschmuck auffällt.*

Auch der vielbeachtet Käthchen-Erker, der an das romantische Ritterschauspiel des Dichters Heinrich von Kleist erinnern soll, wurde mit seinem Zierwerk, den Reliefs und Vierkantsäulchen wieder hergestellt.

Die Plastik »Sich umdrehendes Mädchen«, 1978, Bronze, von Karl-Henning Seemann, am Deutschhof, ist wie andere, auch in der Fußgängerzone an der Kilianskirche, ein sprechendes Beispiel für Kunst in der Öffentlichkeit, im Freien, um »hautnah« die Bevölkerung zur Phantasie und Kreativität anzuregen.

Mit 550 ha Rebfläche gehört Heilbronn zu den großen Weinbaugemeinden in der Bundesrepublik. Die ausgedehnten Rebhänge bestimmen das Bild der Heilbronner Landschaft. Theodor Heuss schrieb 1905 seine Doktorarbeit über den Weinbau in der Neckarstadt.

Sehenswürdigkeiten:

Zwei Bauten beherrschen das innere Stadtbild: Rathaus und Kilianskirche. Renaissance-Rathaus (1417, 1579/82) mit astronomischer Kunstuhr (1580) von Isaak Habrecht; im Innenhof Ehrenmal mit der Fassadenwand des ehem. Archivgebäudes (1715); Kilianskirche (13., 15. Jh.) mit Hochaltar von Hans Seyfer (1498) und Kiliansturm, 62 m, (1513 bis 1529), ein eigenwilliger Bau von Hans Schweiner aus Weinsberg; dazu Dehio: »In der Formbehandlung feiert die Renaissance den ersten Sieg auf deutschem Boden, einen sehr eigentümlichen freilich, insofern sie sofort ins Barocke umschlägt«. An der Südseite der Kirche der »Siebenröhrenbrunnen«. Deutschhof, abgeschlossene Anlage im Zentrum der Stadt, barocke Fassade (1711), zwei schöne Innenhöfe; angrenzend die ehem. Deutschordenskirche St. Peter und Paul (ursprüngl. 1721) und spätromanischer Turm (13. Jh.). Historisches Museum, das fr. Fleischhaus (1598); Käthchenhaus am Marktplatz (Heinrich von Kleist »Das Käthchen von Heilbronn«); Hafenmarktturm (1728), Nikolaikirche (urspr. 14. Jh.). Götzenturm und Bollwerksturm als Reste der einstigen Stadtbefestigung; Schießhaus (1771) mit schönem Rokokosaal. Im Norden der Stadt als auffällige Landmarke der Wartberg (308 m) mit Aussichtsturm, der Heilbronner »Hausberg«.

Museen: Deutschhof-Museum; Naturhistorisches Museum; Museum für Vor- und Frühgeschichte; Neckarschiffahrtsausstellung.
Bekannte Persönlichkeiten: Theodor Heuss (1884 bis 1963), 1. deutscher Bundespräsident, verbrachte seine Jugendzeit in Heilbronn. Mayer, Julius Robert, geboren 1814, gestorben 1878 in Heilbronn, Entdecker des Gesetzes von der Erhaltung der Energie. Götz von Berlichingen lebte von 1519 bis 1522 als Gefangener des Schwäbischen Bundes in Heilbronn.

| Weinsberg | Seite 60 | *Über den Rebhängen von Weinsberg sind die Ruinen der einstigen Burg Weibertreu unter den Kronen ihrer Bäume fast verdeckt. Zahlreiche Dichter sind dort in den Quadern des Äolsharfenturms mit ihren eingemeißelten Namen gegenwärtig geblieben.* |

Geschützt unter Ziegeldächern liegen Funde aus römischer Zeit, die man in Weinsberg zutage brachte, anschaulich jedem vor Augen, hier ein »Römerbad« und ein Säulenstumpf mit einem Gladiatoren-Relief.

Im Hintergrund der Schemelsberg, durch dessen Weinberge ein Lehrpfad führt, der sich in einem Waldlehrpfad fortsetzt. Eine Begehung ist durch Hinweisschilder und Orientierungstafeln recht instruktiv.

Sehenswürdigkeiten:

Bekannte alte Weinstadt am Eingang des lieblichen »Weinsberger Tales«.
Bis 1440 Freie Reichsstadt, später kurpfälzisch und, mit Unterbrechungen, württembergisch. Stadtkirche St. Johannes, spätromanisch (13., 15. Jh.). Kernerhaus, Wohnhaus des Dichters Justinus Kerner (1786 bis 1862), seit 1819 Oberamtsarzt in Weinsberg, heute Museum. Römischer Gutshof mit Baderuine (100 n. Chr.). Sitz der Staatlichen »Lehr- und Versuchsanstalt für Wein- und Obstbau« seit 1868.
Burgruine Weibertreu, auf einem rebenbestandenen Bergkegel über der Stadt, ehemalige Reichsburg, mit Ringmauern (13., 14. Jh.) und Geschütztürmen (16. Jh.); Belagerung im Jahre 1140 durch den ersten Stauferkönig Konrad III. (Erzählung von den treuen Weibern von Weinsberg), im Bauernkrieg 1525 zerstört (»Blutige Ostern«).
Museum: Justinus-Kerner-Haus.

| Öhringen | Seite 61 | *Die Türme der Stiftskirche und das Residenzschloß mit seinen Renaissancegiebeln bestimmen das Bild der Stadt Öhringen vom Schloßgarten aus.* |

Auf dem Marktplatz von Öhringen mit seinen mittelalterlichen Häusern steht auf der Brunnensäule das Standbild des Grafen Albrecht von Hohenlohe.

Sehenswürdigkeiten:

Ehem. hohenlohische Residenzstadt mit malerischem Stadtkern; ehem. Stiftskirche, Gründung 1037, ursprünglich romanische Anlage, Umbau 15. Jh.; Hochaltar, nach Dehio »unter die Hauptwerke der süddeutschen Schnitzkunst einzureihen«, aus dem Veit Stoß'schen Bereich, spätgotischer Kreuzgang; zahlreiche Grabdenkmäler; in der Krypta schöner Sarkophag (1241) der Gräfin Adelheid, Mutter des ersten fränkischen (salischen) Kaisers (1024) Konrad II. (um 990–1039); Rathaus (1504), Fachwerkhäuser, Marktbrunnen mit Standbild des Grafen Albrecht von Hohenlohe (1554). Schloß (17. Jh.), heute Rathaus.
In der Nähe ehem. Lustschloß Friedrichsruhe, heute Hotel-Restaurant.
Museum: Weygang-Museum (Zinnmuseum); Autosammlung.

| Neuenstein | Seite 62 | *Viele Baumeister haben am Schloß Neuenstein, einer ehemaligen Wasserburg, gebaut, das nun durch seine Schätze aus den verschiedenen Schlössern ein Zentralmuseum des reich verzweigten Fürstenhauses Hohenlohe geworden ist.* |

Sehenswürdigkeiten:

Ehem. hohenlohische Residenzstadt.
Stattliches Renaissanceschloß (16. Jh.), anstelle einer früheren Wasserburg (13. Jh.), mit repräsentativen Innenräumen (Kaisersaal, Rittersaal u.a.) und spätmittelalterlicher Küche im Originalzustand. Hohenlohe-Museum; Zentralarchiv des Hauses Hohenlohe. An einem Bürgerhaus gegenüber dem Rathaus Gedenktafel für den hier 1638 geborenen Johann Wolfgang Textor, Ururgroßvater von Johann Wolfgang von Goethe. Stadtkirche, erbaut 1430 anstelle einer Kapelle, 1611 Hallenkirche im Renaissancestil, mit gotischer Chorpartie, Säulenvorbau mit Freitreppe aus der Barockzeit.

| Waldenburg | Seite 63 | *Auf seiner bewaldeten Bergeshöhe neu erstanden ist das 1945 zum größten Teil zerstörte Waldenburg mit seinem Stadtturm, dem Schloß und mittelalterlichen Mauern.* |

Eine herrliche Aussicht auf die hohenlohische Ebene hat man von Waldenburg aus.

Sehenswürdigkeiten:

Bergstädtchen und Luftkurort in aussichtsreicher Lage auf einem schmalen Ausläufer der Waldenburger Berge über der Hohenloher Ebene.
Schloß der Linie Hohenlohe-Waldenburg (1529, 1735) mit Bergfried, ursprünglich Anlage einer Reichsburg aus der Stauferzeit. Stadtkirche (1589 bis 1594). Mittelalterliche Stadtbefestigung, Mauer um die Altstadt, Türme und Tore. Kurpark. In der Umgebung kleine Seen.

Siegelmuseum.

Jagsthausen	Seite 64	*Berühmter Geburtsort von Götz von Berlichingen (1480–1562), im Jagsttal. Im Schloßhof von Jagsthausen, dem Schauplatz der berühmten Burgfestspiele, wo jeweils im Sommer Goethes »Götz von Berlichingen« aufgeführt wird.*

Das Berlichingen'sche Wappen zeigt in einem schwarzen Schilde ein silbernes Rad mit fünf Speichen. Auf dem Schilde ruht ein stahlfarbener, rotgefütterter, mit goldener Krone und goldenem Halsschmucke gezierter, in Gold gefaßter und mit goldenen Spangen prangender vorwärts gestellter Helm, auf welchem ein rechtssehender, in aufrechter Stellung sitzender silberner Wolf, den Schwanz aufrecht haltend, ein silbernes Lamm im Rachen hält. Die Helmdecken sind zu beiden Seiten innen silbern, außen schwarz.
Über den Ursprung des Wappens ist nichts Näheres bekannt. Einer Sage nach habe einstens der Kaiser dem Ahnherrn des Geschlechts ein Rad mit silbernen Speichen als Wappen gegeben, weil die Ahnfrau so reich gewesen, daß sie in einem Wagen mit silbernen Rädern hätte fahren können.

Sehenswürdigkeiten:

3 Schlösser, das »Rote«, das »Neue« (18. Jh.) und das »Alte«, die »Götzenburg«, ein ehemaliges Wasserschloß, 1876 völlig umgebaut. In der Götzenburg Hotel-Restaurant. Burgmuseum.
Jagstaufwärts im ehemaligen Zisterzienserkloster Schöntal, im Kreuzgang, das Bildnisgrabmal von Götz von Berlichingen.

	Seite 65	*Vorbei an Jagsthausen durchzieht die Jagst in großen Bögen das Hohenloher Land, vom Kocher manchmal nur durch einen Hügelzug getrennt.*

Künzelsau	Seite 66	*Mitten in der Stadt, wo jeweils farbiges Markttreiben herrscht, erhebt sich mit seinem schlichten Balkenwerk im oberen Geschoß das hübsche Rathaus von Künzelsau.*

Detail des Schlosses von Künzelsau. Wie die Stadt selbst, war auch das Stadtschloß einmal im Besitz der Herren von Stetten und derer von Hohenlohe, bis es 1871 vom Staat Württemberg gekauft wurde.

Sehenswürdigkeiten:

Schöne Lage im Kochertal, ehem. Ganerbenstadt.
Malerisches Stadtbild. Fachwerk-Rathaus (1522); Stadtkirche (1617); Hohenlohe-Schloß (1680), frühere Wasserburg.
In der Nähe Schloß Stetten.

Schloß Friedrichsruhe	Seite 66	*In dem einstigen Jagdschloß, das anstelle eines Tiergartens von 1712 bis 1717 erbaut wurde, hat der jetzige Besitzer Fürst Kraft zu Hohenlohe-Oehringen ein Waldhotel eingerichtet. Es zählt wegen seiner guten Ausstattung und Küche sowie seiner ruhigen Lage inmitten eines schönen Parks zu den führenden Häusern im nordwürttembergischen Raum.*

Kupferzell	Seite 66	*Auch im ländlichen Kupferzell weist das frühere Residenzschloß (1721) der Linie Hohenlohe-Schillingsfürst auf die Vergangenheit hin. Auf dem Friedhof ist das Grab von Carl Julius Weber, berühmter Essayist und Verfasser des »Demokrit«; er lebte hier bis zu seinem Tod im Jahre 1832.*

Schloß Stetten	Seite 67	*Auf einer Anhöhe malerisch über dem Kochertal nahe bei Künzelsau ist Schloß Stetten eine der besterhaltenen Burganlagen Süddeutschlands (12. Jh.); bemerkenswerte Schildmauer.*

Vor der ländlich anzusehenden Schloßkapelle von Stetten fahren immer wieder gern romantische Hochzeitspaare zur Trauung vor.

Burg Tierberg	Seite 67	*Neu verputzt präsentiert sich unter dem kantigen Bergfried das Jägerhaus. Um das Jahr 1220 wurde die Burg mit Schildmauer, Bergfried und Palas auf einem bewaldeten Bergvorsprung erbaut. Wegen ihrer einsamen Lage ist sie das »Schloß Schweigen« in Agnes Günthers Roman »Die Heilige und ihr Narr.«*

Schwäbisch Hall	Seite 68	*Die einstige Freie Reichsstadt (1276 bis 1802) und Salzsiederstadt liegt eindrucksvoll an den steilen Hängen des engen Kochertals.* *Alt-Hall bietet mit seinen stattlichen Bauten, Bürger- und Fachwerkhäusern, Türmen und engen Gassen, ein malerisch-romantisches Bild. Die riesige Freitreppe vor St. Michael ist alljährlich von Juni bis August Schauplatz für die bekannten Haller Freilichtspiele.*

Sehenswürdigkeiten:

Stadtkirche St. Michael, mit mächtiger Freitreppe (1507), 54 Stufen; vom romanischen Bau (1141–1156) ist noch der Westturm erhalten, Langhaus 1427 bis 1456, spätgotischer Hallenchor 1495 bis 1527, reiche Innenausstattung. Gegenüber der Kirche Barockrathaus (1730 bis 1735). Fischbrunnen (1509) am Marktplatz mit Pranger. Neuer Bau, spätgotisch (1510 bis 1527), früher Büchsenhaus und Fruchtkasten. Überdachte Holzstege über den Kocher.
Museen: Keckenburg-Museum; Hohenloher Freilandmuseum«.

Comburg	Seite 68/69	*Wegen ihrer malerischen, landschaftsbeherrschenden Lage auf einem Umlaufberg des Kochers bei Schwäbisch Hall wird die ehemals benediktinische Kirchenburg oft als »die Krone des hällischen Landes« bezeichnet.*

Sehenswürdigkeiten:

Ehemaliges Benediktinerkloster (1075 bis 1081), mit Veränderungen im 16. und 18. Jh., ab 1488 adliges Chorherrenstift. Die ausgedehnte Anlage mit Ringmauer, überdachtem Wehrgang, Türmen und Toren bringt nach Dehio »das Bild eines befestigten Klosters aus der Blütezeit des Benediktinerordens mit so charakteristischer Kraft zur Anschauung, wie es in Deutschland kaum wiederzufinden ist«. In der Klosterkirche St. Nikolaus unter der reichen Innenausstattung zwei berühmte romanische Kunstwerke: das Antependium des Hochaltars (um 1140), eine mit vergoldetem Kupferblech verkleidete Holztafel, und der Kronleuchter aus der gleichen Zeit, Umfang 15,77 m, reich mit 412 Figuren geschmückt, der größte und besterhaltene seiner Art.

Braunsbach	Seite 71	Sehenswürdigkeiten:

Schloß mit Ecktürmen und Torbau (16. Jh.).

Ortsteil Döttingen, Schloß (16. Jh.), (heute Pension-Restaurant).

Kocheraufwärts bei Geislingen größte Stahlbetonbrücke Europas, Gesamthöhe 185 m, Pfeilerhöhe 180 m, Länge 1.128 m.

Langenburg	Seite 72	*Am Stadttor von Langenburg.* *Überall in der hochgebauten Stadt spürt man den höfischen Anhauch der alten Residenzstadt.*

In einer ruhigen Mittagsstunde in der Hauptstraße von Langenburg, die geradewegs auf das Schloß hin verläuft.

Einer der Oldtimer, ein Bugatti, im Automuseum von Langenburg, wo der Marstall zu einem zeitgemäßen Museum umgestaltet wurde.

Seite 73 *Gleichsam als Eckpfeiler flankieren die schweren runden Türme das Schloß von Langenburg, das hinter dem Wallgraben das Plateau des Schloßberges einnimmt.*

Sehenswürdigkeiten:

Residenzschloß der Fürsten zu Hohenlohe-Langenburg, stattliche Anlage (Renaissance-Umbau 1610 bis 1616) auf dem Sporn des »Langenbergs« über dem waldreichen Jagsttal. Schloß-Café (Rosengarten).
Stadtpfarrkirche mit Glasfenstern (1499) aus Nürnberger Werkstatt und schönem Grabdenkmal (1729) von Michael Kern für Graf Philipp Ernst. In der Kirche Bächlingen Fresken und Epitaph des Burkhard von Bächlingen; in Unterregenbach romanische Krypta mit Grabungsstelle der ottonischen Basilika (»Das Rätsel von Unterregenbach«) und hölzerne Archenbrücke über die Jagst; Gedenkzimmer Carl Julius Weber (Philosoph) und Agnes Günther (Roman »Die Heilige und ihr Narr«) im Rathaus. Deutsches Automuseum; Schloßmuseum; Grabungsmuseum in Unterregenbach.

Blaufelden

Seite 76 *Blaufelden hat einen Namen als hohenlohischer Zentralort für Zuchtviehmärkte und -versteigerungen mit dem damit verbundenen Export von Fleckvieh in alle Welt. Der wöchentliche Ferkelmarkt gilt als der größte der Welt. Der Ort wird im 12. Jh. zum erstenmal erwähnt. Götz von Berlichingen geriet hier 1528 in die Gefangenschaft des Schwäbischen Bundes, ein Mißgeschick mit für ihn recht nachteiligen Folgen.*
Ev. Pfarrkirche St. Ulrich, spätgotischer Turmchorbau, mit Resten der fr. Ulrichskapelle (13. Jh.). Der Wehrkirchturm erhielt beim Wiederaufbau nach einem Brand durch Blitzschlag 1835 einen Umgang, von dem aus ein Blick auf den Ort und seine Umgebung möglich ist. Von der Turmhöhe spielt sonntags ein Posaunenchor zum Gottesdienst.

Schrozberg

Seite 76 *Ein Eckturm am ländlichen Schloß von Schrozberg. Neben Blaufelden ist auch diese alte Residenz ein Mittelpunkt im Hohenloher Land.*

Sehenswürdigkeit:

Barockschloß im Stadtteil Bartenstein.

Bartenstein

Seite 77 *Auf einem Bergsporn über dem Ettetal. Städtchen und Schloß einheitlich im Barockstil angelegt (18. Jh.). Schloß anstelle einer Burg 1728 erbaut, dreiflügelig mit großzügig wirkendem Ehrenhof und Vier-Röhren-Brunnen, Wohnsitz der Familie zu Hohenlohe-Bartenstein. Militärmuseum.*

Rothenburg o.d.T.

Seite 78 *Die frühere Stauferstadt (12. Jh.) und Freie Reichsstadt von 1274–1802 ist mit ihrem mittelalterlichen Stadtbild, der Stadtbefestigung mit Mauern, Wehrgang, 2,5 km begehbar, Toren und Türmen, der Inbegriff deutscher Romantik; Dehio: »Die Stadt als Ganzes ist Denkmal«.*

Am Plönlein (Kleiner Platz) gabeln sich die Wege zum (links) Siebersturm (1385) und zum Kobolzeller Tor (1360), durch das das Taubertal erreicht wird. Das Ganze gehört zu den schönsten Ansichten in der alten Stadt.

Seite 79 *Vor einem der vier Stadttore im türmereichen Rothenburg, dem »fränkischen Jerusalem«. Deutlich sind auch an diesem Turm die staufischen Buckelquader erkennbar.*

Ein echtes Spitzwegbild: Markusturm und Röderbogen. In Rothenburg hat der idyllische Maler Spitzweg längere Zeit als Apotheker praktiziert.

Die putzige, altväterliche Gerlachschmiede neben der Stadtmauer am Rödertor. Über das offene Erdgeschoß, wo Pferde beschlagen wurden, haben die Zimmerleute einen schwungvollen Giebel aufgesetzt.

Im Talgrund der Tauber hat sich der stolze Herr Heinrich Toppler, der ab 1373 die Geschicke von Rothenburg gelenkt hat, sein eigenwilliges Schlößchen gebaut, das als Wasserburg mit seiner Zugbrücke und mit dem hohen Untergeschoß fast unzugänglich war.

Das Rathaus ist imposanter Mittelpunkt der Altstadt. Vom 60 m hohen Turm des gotischen Teils ergibt sich ein schöner Blick auf Rothenburg. Mit dem prächtigen Renaissanceteil gehört das Rathaus zu den schönsten in Süddeutschland.

Seite 80   *In der St. Jakobskirche: der Heiligblut-Altar (1504) von Tilman Riemenschneider.*

Sehenswürdigkeiten:

Rathaus mit gotischem Teil (13. Jh.) und Renaissanceteil (1572–1578), 60 m hoher Turm; Ratstrinkstube (1446), Kunstuhr mit Meistertrunk-Darstellung; St. Jakobkirche (1373–1471), bedeutender Hochaltar (1466), Heilig-Blut-Altar (1501–1504), Schnitzaltar von Tilman Riemenschneider. Alte Gassen, Patrizier- und Bürgerhäuser, Alt-Rothenburger Handwerkerhaus. Reichsstadt-Museum; Mittelalterliches Kriminalmuseum; Historiengewölbe (im Rathaus).
Im Taubertal Doppelbrücke (14. Jh.); Toppler-Schlößchen (1388) von Bürgermeister Heinrich Toppler;
Im Stadtteil Detwang Hl. Kreuz-Altar von Tilman Riemenschneider in der Pfarrkirche St. Jakob.

Colmberg

Seite 85   *Über die Frankenhöhe hinweg führt der Weg über das Altmühltal in den Rangau zur alten Veste Colmberg.*

Sehenswürdigkeiten:

Eindrucksvolle Burganlage über dem oberen Altmühltal, mit Bergfried, Gerichtslaube (16. Jh.) und Palas. Früherer hohenlohischer Besitz, ab 1318 den Hohenzollern gehörig. Heute Hotel.

Ansbach

Seite 86   *Stadt des fränkischen Rokoko.*
Unverkennbar blieb in Ansbach, dem früheren Onolzbach, an der Fränkischen Rezat, trotz der Einwirkungen der Moderne, die charakteristische Ausstrahlung der einstigen fürstlichen Residenzstadt (1456–1791) erhalten. Eindrucksvoll verkörpert das Schloß den geschichtlichen und kulturellen Einfluß der Markgrafen von Brandenburg-Ansbach auf die Entwicklung der Stadt. Die heutige Gestalt erhielt es ab dem Beginn des 18. Jh. durch Gabriel de Gabrieli, Hofbaudirektor in Eichstätt, durch Carl Friedrich von Zocha und den Oberitaliener Leopold Retty. Auf letzteren geht zudem im wesentlichen die großartige Innenausstattung des Schlosses zurück. Auch ihres Decors wegen gilt Ansbach als »die Stadt des fränkischen Rokoko«. 1806 kam Ansbach zu Bayern.
Der große zweigeschossige Prunksaal ist in den Jahren 1735/36 entstanden. Ihn haben verschiedene Künstler gestaltet. Von Carlo Carlone stammen die Deckengemälde, von seinem Bruder Diego die Stukkaturen, und von den Ansbacher Hofmalern Sperling und Liebhard die Gemälde. Lüster und Wandleuchten aus böhmischem Kristallglas ergänzen die schöne Innendekoration. Während der Bachwochen finden in dem Saal Konzerte statt.

Seite 87   *Rokokospiele im Hofgarten.*
In den alljährlich stattfindenden Ansbacher Rokokospielen lebt die verspielt-heitere Zeit des 18. Jahrhunderts auf. Dann wird im historischen Hofgarten der »Hof- und Kriegsstaat« mit Gruppen in zeitgerechten Kostümen bei Musik und Tanz dargestellt.

Gumbertuskirche
Die Gumbertuskirche ist ein im Stadtbild charakteristischer Bau; die Gruppe ihrer 3 Türme mit den Helmen, den »Türmen ohne Dach«, gilt als das Wahrzeichen der Stadt. Die Bauzeit geht über mehrere Jahrhunderte (11. bis 18. Jh.). Dabei werden in den verschiedenen Elementen die einzelnen Stilperioden sichtbar: romanische Reste der Stiftskirche (1161) und Krypta (um 1040), gotisch der Chor (1501 bis 1521), seit 1817 »Schwanenritterkapelle«, Südturm und Seitenkapellen, mit Renaissancedetails der massige Mittelturm (1594–97) und Barock der Umbau des Langhauses (1736–38) mit schlichtem Predigtsaal durch Leopoldo Retty. In der Schwanenritterkapelle: Schwanenritteraltar (1484), eine Stiftung des Kurfürsten Albrecht Achilles, Chorgestühl (1480) der Stiftskirche, Epitaphien, Totenschilde, Markgrafenfenster und das berühmte Gemälde »Christus in der Kelter«, das Hans Baldung gen. Grien zugeschrieben wird. Unter der Schwanenritterkapelle stehen die Sarkophage von Angehörigen der Markgrafenfamilie.

Gumbertuskirche und Stadthaus
Das Stadthaus wurde als Haus der Landstände 1532 im Renaissancestil, noch mit einigen gotischen Einflüssen, erstellt.

Sehenswürdigkeiten:

Stadt des fränkischen Rokoko. Markgrafenschloß (18. Jh.) mit 27 Prunkräumen und Bayerischer Staatssammlung »Ansbacher Fayence und Porzellan« in der Gotischen Halle, Hofgarten mit Orangerie (1726–1728); Hofkanzlei (Ende 16. Jh.), Landhaus (1532), Rathaus (1623), Behringershof (ehem. Stiftsküsterei, 16. Jh.); Gumbertuskirche (ab 1161, Veränderungen im 15., 16. und 18. Jh.), mit Schwanenritterkapelle (»Ansbacher Kelterbild«, Christus in der Kelter, von Hans Baldung, gen. Grien), romanischer Krypta (1039–1042) und Fürstengruft (25 teils vergoldete Sarkophage des 17. und 18. Jh.); Johanniskirche (15. Jh., Umbau 1957/58); Synagoge (1746); Herrieder Tor (15. Jh., 1750), Reste der Stadtbefestigung; Bürgerhäuser; Markgraf-Georg-Brunnen (1515/18. Jh.), Markgraf-Carl-Brunnen (1746). Im Stadtteil Schalkhausen spätgotischer Altar (1520) in der Nikolauskirche. Museen: Markgrafenmuseum (u.a. mit Kaspar-Hauser-Sammlung und Ansbacher Fayence- und Porzellan-Kabinett).

Lichtenau

Seite 89

Angesichts der Veste Lichtenau könnte man meinen, in Nürnberg zu sein. Die Nürnberger hatten diese Burg, die ihrer eigenen ähnlich ist, zur Sicherung gegen die Herren von Ansbach aufführen lassen. Von Lichtenau ist es nicht weit nach dem romantischen Wolframs-Eschenbach, Heimat des großen deutschen Minnesängers (1170–1220).

Sehenswürdigkeiten:

Burg; eindrucksvolle Festungsanlage mit Ringmauern, Gräben, Zitadelle, Türmen, Kasematten und Schloß. Als nürnbergischer Besitz (ab 1406) wieder aufgebaut 1558 bis 1630.

Heilsbronn

Seite 90

»Klosterstadt« zwischen Ansbach und Nürnberg.
Das Zisterzienserkloster Heilsbronn (1132–1578) galt einst als eines der reichsten Klöster im Land. Das Münster wurde 1132 bis 1139 im romanischen Stil nach der von Cluny beeinflußten Sonderform der Hirsauer Bauschule erbaut. Es ist mit wertvollen Kunstwerken ausgestattet. Von 1297 bis 1625 diente das Münster als Grablege der fränkischen Hohenzollern und des benachbarten Adels, »die christliche Schlafkammer Frankens«.

Eine kulturgeschichtliche Besonderheit des Münsters ist seine Verwendung als Grablege des fränkischen Adels. Darin kommt die Bedeutung und das Ansehen des Zisterzienserklosters zum Ausdruck. Es lag im Einflußbereich der zollerischen Burggrafen von Nürnberg, die 1191, also 60 Jahre nach der Klostergründung, dieses Amt erhielten. Sie sicherten sich, zusammen mit anderen fränkischen Adelsfamilien, das Recht der Grablege im Münster. Beginnend mit dem Burggrafen Friedrich III. 1297, erfolgte die Beisetzung zunächst im Chor, und von 1366 bis 1625 im Mittelschiff. In der Hohenzollerngruft befinden sich die Gebeine von 21 Mitgliedern des Geschlechts, darunter der drei ersten Kurfürsten von Brandenburg. 3 Hochgräber der Hohenzollern mit denen anderer Adeligen geben zusammen mit den zahlreichen Grabmälern dem hohen, kühlen Kirchenraum eine einzigartig ernste Stimmung. Unter dem Hochgrab der Kurfürstin Anna von Sachsen, gestorben 1512, Gemahlin des Kurfürsten Albrecht Achilles, fließt eine von beiden Seiten zugängliche Quelle der Schwabach. Ausgelöst durch die Schändung der Gräber im 30jährigen Krieg durch Soldaten des Generals Tilly wurde die Johanniskirche in Ansbach nach der letzten Beisetzung 1625 als Grablege bestimmt.
Das Hochgrab des Markgrafen Joachim Ernst (1626/30, barock) wirkt mit dem Sarkophag aus schwarzem Marmor, dem Engel mit Trompete und 6 weißen Adlern (1711/12), etwas fremdartig in der romanischen Basilika. Der Markgraf kam nach dem Erlöschen der fränkischen Linie der Hohenzollern 1603 aus der brandenburgischen Linie nach Ansbach. Er ist der letzte Markgraf, der nach seinem Tod 1625 hier beigesetzt wurde.

Sehenswürdigkeiten:

Münster, romanische Basilika (1132–1139), mit späteren Erweiterungen. Reiche Innenausstattung mit wertvollen Kunstwerken aus dem Kreis u.a. Albrecht Dürer, Adam Kraft, Veit Stoß und Peter Vischer; Grablege von 21 Hohenzollern, Hohenzollern-Hochgrab, Grabdenkmäler, »die Schlafkammer des fränkischen Adels«. Neue Abtei (ab 13. Jh.), Abtsresidenz mit Kapelle, Kaiserzimmer. Refektorium (1230–1240). Spitalkapelle (1266) mit Fachwerkaufbau (1780) als auffällige architektonische Besonderheit.

Nürnberg

Freie Reichsstadt bis 1806. Früh schon wichtiger Handelsplatz und bedeutendes Kultur- und Kunstzentrum von europäischer Geltung. Zahlreiche Sehenswürdigkeiten, Kunstwerke und Erinnerungsstätten an bekannte Persönlichkeiten.

Seite 92 *Der berühmte und in der Welt einzigartige »Nürnberger Christkindlesmarkt« vor der Frauenkirche. An engen Marktgassen stehen die vielen Stände mit allem, für das Nürnberg bekannt ist: Rauschgoldengel, Zwetschgamännle, »Nürnberger Tand«, Spielzeug und Christbaumkugeln, Lebkuchen, Springerle und, nicht zuletzt, Rostbratwürstchen. Alljährlich erleben Hunderttausende von Besuchern, groß und klein, jung und alt, die zauberhafte vorweihnachtliche Stimmung, die über dem weiten Hauptmarkt liegt. Die Frauenkirche wurde 1352 bis 1361 erbaut, im 2. Weltkrieg nahezu zerstört, danach aber wieder hergestellt. Eine Sehenswürdigkeit ist das »Männleinlaufen«. Bei diesem Kunstwerk (1509) an der Westfassade ziehen um 12.00 Uhr die 7 Kurfürsten zur Huldigung an Kaiser Karl IV. vorbei. Damit soll an die »Goldene Bulle«, das 1356 erlassene Reichsgesetz u.a. über die Königswahl, erinnert werden.*
Im Vordergrund der Schöne Brunnen (1385 bis 1396). Die zierliche, 19 m hohe gotische Steinpyramide ist mit 40 Figuren geschmückt. Im Gitter ist der »Goldene Ring« eingefügt, der immer wieder Aufmerksamkeit erregt.

Seite 93 *In der Nähe des Tiergärtnertors befindet sich das Dürerhaus, 1405 als »Haus gegenüber der Stadtmauer« urkundlich erwähnt. Nachdem Albrecht Dürer es 1509 erworben hatte, lebte er hier bis zu seinem Tod am 6. April 1528. Im Haus ist eine Einrichtung aus Dürers Zeit zu sehen; mit einer Sammlung grafischer Arbeiten und Kopien seiner Gemälde wird die Erinnerung an den berühmten Maler wachgehalten, für den sich kein Geringerer als Kaiser Maximilian beim Nürnberger Rat um Steuerbefreiung eingesetzt hatte.*

Das Heilig-Geist-Spital über der Pegnitz (1331 bis 1341) ist eine Stiftung des Reichsschultheißen Konrad Groß. In der Kirche wurden von 1424 bis 1796 die deutschen Reichskleinodien und Reichsreliquien aufbewahrt (Nürnberg, »des deutschen Reiches Schatzkästlein«). Der kostbare Reichsreliquienschrein (1424) befindet sich im Germanischen Nationalmuseum.

Seite 95 *Der Engelsgruß, an einer Kette in der Lorenzkirche schwebend, zeigt den Verkündigungsengel und Maria in einem Kranz mit sieben Rundbildern. Veit Stoß hat das prächtige Werk 1517/18 aus einer einzigen Linde geschnitzt.*

Seite 96/97 *Nürnberg. Blick zur Burg. Die verschiedenen Bauphasen der mächtigen Anlage spiegeln auch die wechselvolle Geschichte der zu ihren Füßen liegenden einstigen Reichsstadt wider.*

Sehenswürdigkeiten:

Altstadt; Stadtmauer (14.–15. Jh.), 5 km lang, 80 Türme; Kaiserburg (12.–16. Jh.) mit Sinwellturm (Bergfried, 12. Jh.), Tiefer Brunnen (12. Jh.), 50 m tief, fünfeckiger Turm (1040), Kaiserstallung (1494–1495); Rathaus (ab 1332, Wolffscher Bau 1616 bis 1622) mit Lochgefängnissen (1340, unversehrt erhaltenes mittelalterliches Untersuchungsgefängnis mit Zellen und Folterkammer); St. Sebalduskirche (1225–1379), Nürnbergs älteste Pfarrkirche, mit Sebaldusgrab (1508–1519) von Peter Vischer, »ein Hauptwerk der Erzplastik aller Zeiten« (Dehio), und Kreuzigungsgruppe von Veit Stoß; St. Lorenzkirche (1260–1277) mit reichgestalteter Westfassade (14. Jh.) mit Rosette (9 m Durchmesser), mit Sakramentshäuschen (1493–1496) von Adam Kraft und Engelsgruß von Veit Stoß (1517/18), aus einer einzigen Linde geschnitzt, 3,7 m hoch, 3,2 m breit, »das einzige zur Vollendung gelangte Monumentalwerk des Veit Stoß auf deutschem Boden« (Lutze), außerdem Altäre und Glasmalereien; Frauenkirche (1352–1361) mit Tucher-Altar (1440) und Kunstuhrwerk »Männleinlaufen« (1509), tägl. um 12.00 Uhr, Huldigung der 7 Kurfürsten vor Kaiser Karl IV. (1347–1378, »Goldene Bulle« 1356); St. Martha-Kirche (1360), von 1568–1620 Singschule der Nürnberger Meistersinger; Heilig-Geist-Spital (1331–1341), über der Pegnitz; Weinstadel (1446–1448); Henkersteg mit Wasserturm (1320–1325); Mautkeller (1498–1502); Sebalder Pfarrhof mit gotischem Steinchörlein (1365); Pilatushaus (1489), Fembohaus (1591–1596), Albrecht-Dürer-Haus (1450), bewohnt von Dürer 1509–1528, Nassauerhaus (13. Jh.), turmartiges Patrizierhaus, Pellerhaus (1602–1605), Krafft'sches Haus (1509–1512), Tucherschlößchen (1533–1544).
Alte Brunnen, u.a. Schöner Brunnen (um 1390) auf dem Hauptmarkt, 19 m hohe Steinpyramide, 40 Steinfiguren, in vier Reihen übereinander, im Brunnengitter (1585) der »Goldene Ring« (Handwerksburschenring); Tugendbrunnen (1584–1589), Gänsemännchen-Brunnen (um 1550), Hansel-(Heinzen-) Brunnen (14. Jh.), Triton-Brunnen (1687). Gemälde von Albrecht Dürer, ältester Globus von Martin Behaim (1491), Reichsreliquienschrein (1424), Nürnberger Madonna (1520), im Germanischen Nationalmuseum. Johannisfriedhof, Grablege berühmter Patrizier und Künstler, u.a. Willibald Pirkheimer, Albrecht Dürer, Veit Stoß. Handwerkerhof Nürnberg im Waffenhof am Königstor (1971). Fernmeldeturm (282 m) an der Hansastraße mit Aussichtsplattform; Tiergarten; Planetarium; Sternwarte; Staatshafen Nürnberg am Main-Donau-Kanal (Personenschiffahrt).

Museen und Sammlungen:
Germanisches Nationalmuseum; Gewerbemuseum; Spielzeugmuseum; Verkehrsmuseum; Stadtmuseum Fembohaus; Albrecht-Dürer-Haus; Tucherschlößchen; Kunsthalle.

Museen und Sammlungen :

Ansbach

Markgrafenmuseum
Auskunft: 09 81/5 12 43
Geöffnet: Dienstag bis Sonntag 10–12 und 14–17 Uhr, montags geschlossen.

Enthält bedeutende vor-, frühgeschichtliche und kunsthistorische Sammlungen, die Kaspar-Hauser-Sammlung und das Ansbacher Fayence- und Porzellan-Kabinett.

Markgräfliches Schloß
Auskunft: 09 81/5 12 43
Geöffnet: Besichtigung täglich (auch sonn- und feiertags), außer Montag. Führungsbeginn Sommer: 9, 10, 11, 14, 15 und 16 Uhr; Führungsbeginn Winter: 10, 11, 14 und 15 Uhr; Dauer 1 Stunde.

Schloß mit 27 Prunkräumen; darunter das virtuose Spiegelkabinett, der Kachelsaal mit rd. 2.800 Fliesen aus der Ansbacher Fayencemanufaktur und das Audienzzimmer der Markgrafen mit dem von Friedrich dem Großen geschenkten Porzellanlüster. Sammlung von Ölgemälden des 17. und 18. Jh. Bayerische Staatssammlung »Ansbacher Fayence und Porzellan« in der gotischen Halle.

Romanische Krypta und fürstliche Grablege in der St. Gumbertuskirche (unter der Schwanenritterkapelle)
Auskunft: 09 81/5 12 43
Geöffnet: Sommer 11–12 Uhr und 15–17 Uhr (freitags, samstags und sonntags)
Winter 11–12 Uhr (freitags, samstags und sonntags).

Grablege der Ansbacher Markgrafen vom 30jährigen Krieg bis 1791. 25 Sarkophage des 17. und 18. Jh.

Bad Wimpfen

Heimatmuseum
Auskunft: 0 70 63/70 52
Geöffnet: Ab April bis Oktober täglich, außer Dienstag, von 10–12 und 14–16 Uhr, November bis März geschlossen.

Stadtgeschichtliches Museum, Funde aus der Vor- und Frühgeschichte und der Römerzeit, Urkunden und Gegenstände aus der Reichsstadtzeit.

Ödenburger Heimatmuseum
Auskunft: 0 70 63/70 52
Geöffnet: 15. April bis 15. Oktober täglich, außer Montag und Freitag, von 14–17 Uhr, Samstag und Sonntag von 10–12 Uhr.

Darstellung der geschichtlichen Entwicklung der Volkskunst und des Brauchtums in Ödenburg.

Braunsbach

Brückenstube
Auskunft: 0 79 06/5 12, 5 13
Geöffnet: Ab 1. Mai an Sonn- und Feiertagen von 14–16 Uhr, sonst nach Vereinbarung.

Informationszentrum über Europas größte Stahlbetonbrücke.

Gundelsheim

Siebenbürgisches Museum und Museum der Stadt Gundelsheim auf Schloß Horneck
Auskunft: 0 62 69/3 73
Geöffnet: März bis November Dienstag–Freitag 15–17 Uhr; Samstag, Sonntag und feiertags 10–12 Uhr und 14–17 Uhr; Dezember bis Februar Samstag, Sonntag und feiertags 15–17 Uhr.
Nach vorheriger Anmeldung sind Besuch oder Führung auch zu anderer Zeit möglich.

Landesmuseum der Siebenbürger Sachsen. Gezeigt werden sächsische Trachten und Stickereien, Gegenstände aus dem Wohnbereich der Sachsen. Zeugnisse aus der Geschichte der Stadt Gundelsheim.

Haßmersheim

Burgmuseum Burg Guttenberg
Auskunft: 0 62 66/3 59
Geöffnet: 15. März bis 1. November von 9–12.30 und 14–18 Uhr, sonntags durchgehend, montags geschlossen.
Führungen nach telefonischer Vereinbarung.

Ausstellung über hohe Gerichtsbarkeit, Zinnfigurenschaubilder, Waffen, Folianten und Inkunabeln. Dokumente und Pergamenturkunden; einzigartige Holzbibliothek.

Deutsches Kleinwagenmuseum
Auskunft: 0 62 66/17 44
Geöffnet: Mitte März bis Ende Oktober täglich von 10–17 Uhr, im Winter nur sonntags von 10–17 Uhr.

Sammlung von berühmten deutschen Kleinwagen der 50er Jahre.

Heidelberg

Schloß, mit Großem Faß
Auskunft: 0 62 21/2 00 70
Geöffnet: Innenführung von 9–12 und 13.30–16 Uhr,
Gruppen nach Vereinbarung

Residenz der Kurfürsten von der Pfalz vom 13.–17. Jahrhundert, Großes Faß, Inhalt 221 726 Liter.

Deutsches Apothekenmuseum im Schloß
Auskunft: 0 62 21/2 58 80
Geöffnet: April – Oktober täglich 10–17 Uhr, November bis März Samstag, Sonntag und an Feiertagen 11–17 Uhr.

Einziges Fachmuseum in Deutschland, das größte in Europa und wegen seiner reichhaltigen Ausstattung international bekannt und anerkannt. Es beherbergt Einrichtungsgegenstände, Geräte, Arzneimittel und Bücher aus vergangenen Jahrhunderten, aber auch noch aus der Zeit der mittelalterlichen Arzneikunst.

Kurpfälzisches Museum
Auskunft: 0 62 21/5 82 06
Geöffnet: Dienstag bis Sonntag von 10–17 Uhr.

Vor- und frühgeschichtliche Funde (unteres Neckarland), u.a. Abguß des Kieferknochens des homo heidelbergensis.
Altdeutsche Abteilung; bekanntestes Stück der Windsheimer Zwölfbotenaltar von Tilman Riemenschneider.
Die Romantiker Abteilung umfaßt Gemälde, Aquarelle und Zeichnungen der deutschen Romantik des 19. und 20. Jahrhunderts. Galerie niederländischer und italienischer Gemälde des 17. und 18. Jahrhunderts; Skulpturen, Medaillen und Kunstgewerbe des 15. und 18. Jahrhunderts.

Universitätsbibliothek
Auskunft: 0 62 21/2 18 81
Geöffnet: Montag bis Samstag von 10–12 Uhr.

Handschriftensammlung des Mittelalters, der Renaissance, u.a. die Bilderhandschrift des Sachsenspiegels und die Manessische Liederhandschrift.

Völkerkunde-Museum
Auskunft: 0 66 21/2 20 67

Heilbronn

Deutschhof-Museum
Auskunft: 0 71 31/56 22 95
Geöffnet: Dienstag von 10–19 Uhr, Mittwoch bis Sonntag von 10–12 Uhr und 14–19 Uhr. Montag geschlossen; regelmäßige Führung Dienstag 18 Uhr.

Wechselausstellung und Stadtgeschichte vom 8. Jh. bis zur Gegenwart, mit Ton-Dia-Schau in Deutsch, Englisch und Französisch.

Naturhistorisches Museum
Auskunft: 0 71 31/56 23 02
Geöffnet: Dienstag von 10–19 Uhr, Mittwoch bis Sonntag von 10–12 Uhr und 14–19 Uhr. Montag geschlossen; regelmäßige Führung Dienstag 18 Uhr.

Vor- und frühgeschichtliche Abteilung, bedeutungsvolle Exponate, wie z.B. eiszeitliche Funde, Pflanzenfossilien aus dem Heilbronner Schilfsandsteinbruch, Original Nothosaurus-Schädel, Ceratitensammlung, Kieselhölzer.

Museum für Vor- und Frühgeschichte
Auskunft: 0 71 31/56 28 85
Geöffnet: Dienstag von 10–19 Uhr, Mittwoch bis Sonntag von 10–12 Uhr und 14–19 Uhr. Montag geschlossen; regelmäßige Führung Dienstag 18 Uhr.

Wertvolle Zeugnisse der Vor- und Frühgeschichte, vorwiegend aus dem Raum Heilbronn.

Neckarschiffahrtsausstellung
Auskunft: 0 71 31/56 22 95
Geöffnet: Dienstag 14–19 Uhr, Mittwoch bis Sonntag von 14–17 Uhr, Montag geschlossen. Führungen auf Anfrage.

Entwicklung der Schiffahrt auf dem Neckar, Entwicklungsgeschichte des Heilbronner Hafens, die Kettenschleppschiffahrt auf dem Neckar.

Jagsthausen

Götzenburg
Auskunft: 0 79 43/22 95
Römische Funde; Münzsammlung;
Erinnerungsstücke an Götz von Berlichingen,
u.a. Original der eisernen Hand.

Langenburg

Deutsches Automuseum
Auskunft: 0 79 05/2 41
Geöffnet: Ab Ostern bis einschl. 1. November
täglich von 8.30–12 und 13.30–18 Uhr, ab 2.
November bis Ostern nur an Sonn- und Feiertagen (ausgenommen 25., 26. Dez. und 1. Januar)
von 13–17 Uhr.
Kassenschluß: 45 Minuten vor Ende der Be-
suchszeiten.

Die Ausstellung zeigt ständig 60 bis 70 Objekte,
hauptsächlich aus den zwanziger und dreißiger
Jahren.

Schloß-Museum
Auskunft: 0 79 05/2 41
Geöffnet: Ab Ostern bis Mitte Oktober täglich
von 8.30–12 und 13.30–18 Uhr.
Kassenschluß: 45 Minuten vor Ende der Be-
suchszeiten; Führungen.

*Natur-Heimatmuseum im Carl-Julius-We-
ber-Haus*
Auskunft: 0 79 05/53 11
Geöffnet: Ostern bis 1. November samstags und
sonntags von 14–18 Uhr.

Exponate der heimischen Tier-, Pflanzen- und
Gesteinswelt.

Grabungsmuseum Unterregenbach
Auskunft: 0 79 05/3 32 (Bei Fam. Stachel in Un-
terregenbach)
Geöffnet: Ganzjährig von 9–11.30 und 14–17.30
Uhr täglich.
Gruppen: Anmeldungen vorher erwünscht.

Funde und Befunde zu den Ausgrabungen,
vermutlich der Regenbacher Basilika, »Das
Rätsel von Regenbach«, Krypta unter dem Pfarr-
haus.

Mannheim

Städt. Kunsthalle Mannheim
Auskunft: 06 21/2 93-24 21
Geöffnet: Dienstag bis Donnerstag, Samstag von
10–13 und 14–17 Uhr, Freitag 14–20 Uhr,
Sonntag von 10–17 Uhr, Montag geschlossen.
Führungen bei vorheriger Anmeldung möglich.

Bedeutende Sammlung europäischer Kunst, vor
allem Malerei, Plastiken und Grafiken des 19.
und 20. Jahrhunderts.

Reiß-Museum
Auskunft: 06 21/2 93-39 30
Geöffnet: Werktags (außer montags) von 10–13
und von 14–17 Uhr, mittwochs zusätzlich von
20–22 Uhr, sonntags durchgehend von 10–17
Uhr.

Kunst- und Stadtgeschichte, Völkerkunde,
archäologische und naturkundliche Sammlung.

Theatersammlung im Reiß-Museum
Auskunft: 06 21/2 93-24 22
Geschichte des Nationaltheaters Mannheim.

Rheinschiffahrtssammlung
Auskunft: 06 21/10 10 11
Geöffnet: Dienstag, Donnerstag und Sonntag
10–13 und 14–17 Uhr.

Schiffsmodellsammlung über die Entwicklung
der Rheinschiffahrt.

Mannheimer Kunstverein
Auskunft: 06 21/40 22 08
Geöffnet: täglich von 10–17 Uhr, außer montags,
mittwochs bis 19 Uhr.

Sonderausstellungen zeitgenössischer Kunst.

*Naturkundemuseum Mannheim-Friedrichs-
feld*
Auskunft: 0 62 27/6 14 64
Geöffnet: Montag bis Samstag 8.30–13 und
14–17 Uhr, Sonntag 10–12.30 und 14–17 Uhr.

Sammlungen aus grauer Vorzeit der Erde.

Mosbach

*Kulturzentrum mit Heimatmuseum im
Alten Hospital*
Auskunft: 0 62 61/8 22 36
Geöffnet: Mittwochs von 15–18 Uhr und letzter
Sonntag im Monat.

Neckarsulm

*Deutsches Zweirad-Museum im ehemaligen
Deutschordensschloß*
Auskunft: 0 71 32/3 52 71
Geöffnet: Ganzjährig täglich (auch Sonn- und
Feiertage) 9–12 und 13.30–17 Uhr.
Führungen bei Voranmeldung für Gruppen ab
20 Personen.

250 Exponate (Fahrräder, Motorräder, Rennma-
schinen), bedeutungsvolle Einzelstücke.

Neckarzimmern

Museum auf Burg Hornberg
Auskunft: 0 62 61/23 48
Geöffnet: Ab Mitte März bis Ende Oktober
täglich von 9–17 Uhr.
Geschlossen ab November bis Mitte März.

Neuenstein

Hohenlohe-Museum Schloß Neuenstein
Auskunft: 0 79 42/22 09
Geöffnet: Führungen: 15. März bis Ende
Oktober täglich von 8 bis 12 Uhr und von 13.30
bis 17.30 Uhr. November bis 14. März ge-
schlossen.

Reichhaltige Sammlung von Waffen, Bildern,
Möbeln und anderen Kunstschätzen vergangener
Epochen. Überblick über Kunst und Geschichte
des Raumes Hohenlohe-Franken. Beherbergt
eine der größten mittelalterlichen Küchen Europas.

Nürnberg

Germanisches Nationalmuseum
Auskunft: 09 11/20 39 71
Geöffnet: Dienstag bis Sonntag von 9–17 Uhr,
Donnerstag auch von 20–21.30 Uhr. Montag
ganzjährig geschlossen.
An Feiertagen Sonderregelung.

Deutsche Kunst und Kultur (Frühzeit bis 20.
Jahrhundert).

Gewerbemuseum
Auskunft: 09 11/2 01 72 76/74
Geöffnet: Dienstag bis Freitag von 10–17 Uhr,
April–Oktober Samstag und Sonntag von 10–13
Uhr, Montag geschlossen.
November bis März Samstag bis Montag ge-
schlossen.

Deutsches und außereuropäisches Kunsthand-
werk (Glas, Keramik, Möbel, Metalle).

Spielzeugmuseum
Auskunft: 09 11/16-31 64
Geöffnet: Dienstag bis Sonntag von 10–17 Uhr,
Mittwoch bis 21 Uhr. Montag geschlossen.

Spielzeug aus aller Welt und allen Epochen.

Stadtmuseum Fembohaus
Auskunft: 09 11/16 22 71
Geöffnet: März bis Oktober Dienstag bis
Freitag und Sonntag 10–17 Uhr, Samstag von
10–21 Uhr.
November bis Februar Dienstag bis Freitag
13–17 Uhr, Samstag 10–17 Uhr. Montag ge-
schlossen.

Alt-Nürnberger Entwicklungsgeschichte und
Wohnkultur.

Verkehrsmuseum
Auskunft: 09 11/2 19-54 28
Geöffnet: April bis September Montag bis
Samstag von 10–17 Uhr, Sonntag 10–16 Uhr.
Oktober bis März täglich von 10–16 Uhr.

Geschichte der Eisenbahn und Post. Original-
Fahrzeuge (u.a. der erste deutsche Eisenbahnzug)
und Modelle. Briefmarkensammlung, Modell-
bahnanlagen.

Albrecht-Dürer-Haus
Auskunft: 09 11/16 22 71
Geöffnet: März bis Oktober Dienstag bis
Freitag und Sonntag von 10–17 Uhr, Samstag
von 10–21 Uhr. November bis Februar Dienstag
bis Freitag von 13–17 Uhr, Samstag 10–21 Uhr,
Sonntag 10 bis 17 Uhr, montags geschlossen.

Völlig erhaltenes, von Dürer 1509 bis 1528
bewohntes Haus.

Handwerkerhof am Königstor
Geöffnet: Montag bis Freitag von 10–18.30 Uhr,
Samstag von 10–14 Uhr, langer Samstag und
Mai bis September Montag bis Samstag von
10–18.30 Uhr.
Von 24.12. bis Woche vor Ostern, außerdem an
allen Feiertagen geschlossen.

Mittelalterliche Handwerkergasse.

Kunsthalle und Kunsthalle in der Norishalle
Auskunft: 09 11/16 24 03, 09 11/2 01 75 09
Geöffnet: Dienstag bis Sonntag von 10–17 Uhr,
Mittwoch bis 21 Uhr.

Ausstellungen zeitgenössischer Kunst.

Tucherschlößchen
Geöffnet: Montag bis Freitag 14–16 Uhr,
Sonntag 10 bis 11 Uhr.

Patrizierhaus der Renaissance mit altem Inventar.

Öhringen

Weygang-Museum
Auskunft: 0 79 41/6 82 93
Geöffnet: Dienstag bis Sonntag von 10–12 Uhr
und 14–16 Uhr; montags geschlossen.
Besondere Besuche nach Absprache.

Zinnmuseum mit alter Zinngießerwerkstätte;
historische Schmuckschalen und kirchliche
Gegenstände. Liebhabersammlungen in Fayencen, Möbel, Zunft- und Bauernsachen in
Verbindung mit Stadtmuseum und römischer
Abteilung.

Autosammlung
Auskunft: 0 79 41/28 01 und 80 27
Geöffnet: April bis Oktober täglich 13–17 Uhr;
November bis März Montag bis Freitag 13–17
Uhr.

Hochklassige Sport- und Tourenwagen aus der
Zeit von 1948 bis 1960.

Rothenburg o.d.T.

Reichsstadt-Museum
Auskunft: 0 98 61/20 11
Geöffnet: April bis Oktober von 10–17 Uhr,
November bis März 13–16 Uhr.

Sammlung Rothenburger Kunst und Kultur

Mittelalterliches Kriminalmuseum
Auskunft: 0 98 61/53 59
Geöffnet: April bis Oktober 9.30–18 Uhr,
November bis März von 14–16 Uhr.

Einziges Rechtskundemuseum im europäischen
Raum. Rechtsaltertümer, Instrumente der
Folter, des Strafvollzuges.

*Alt-Rothenburger Handwerkerhaus –
Fränkisches Heimatmuseum*
Auskunft: 0 98 61/23 70
Geöffnet: 9–18 Uhr und 20–21 Uhr.

Altes Handwerker-Wohnhaus (1270–1300), im
Original erhalten.

Historiengewölbe im Rathaus
Auskunft: 0 98 61/20 38
Geöffnet: Ostern bis Oktober von 9–18 Uhr.

Ausstellung von Gegenständen und Szenen aus
der Zeit des Dreißigjährigen Krieges.

Schrozberg

Militärmuseum Schloß Bartenstein
Auskunft: 0 79 36/2 72/2 89
Geöffnet: April bis Oktober Samstag, Sonntag
und Feiertag von 10–12 Uhr und 13.30–17.30
Uhr. Gruppen über 10 Personen auch wochentags
auf Anmeldung. Geschlossen: November bis
März.

Sammlungen von Uniformen, Waffen, Dokumenten (1800–1960) aus der deutschen Vergangenheit; Kadettenmuseum.

Schwäbisch Hall

Keckenburg-Museum
Auskunft: 07 91/7 51-2 89 und 07 91/7 51-3 59
Geöffnet: Mai–September täglich von 9–12 Uhr
und 14–17 Uhr, außer Montag; Oktober–April
von 10–12 und 14–16 Uhr.
Bei Voranmeldung andere Zeiten.

Zeugnisse aus der Geschichte des fränkischen
Teils von Württemberg; Vor- und Frühgeschichte, bürgerliches und bäuerliches Mobiliar,
Trachten. Sammlung historischer Schützenscheiben (ab 1727) im nahen Rektoratsgebäude.

Hohenloher Freilandmuseum
Auskunft: 07 91/7 51-2 46
Geöffnet: Ab 1. Mai Dienstag bis Samstag von
10–12 und 13.30–17.30 Uhr. Sonntag und
Feiertage von 10–18 Uhr. Für Gruppenführungen
Anmeldung.

Regionales Freilichtmuseum mit Darstellung von
historisch wertvollen Bauten des nördlichen
Württembergs mit ihren zeittypischen Einrichtungen.

Waldenburg

Siegelmuseum
Auskunft: 0 79 42/5 29
Geöffnet: März bis Okt., Samstag 13.30–18
Uhr, Sonntag 10–12 Uhr und 13.30–18 Uhr.
Gruppenbesuche jederzeit nach Anmeldung.

Sammlung europäischer Siegel und Urkunden
aus tausend Jahren, Zinnfiguren.

Weinsberg

Justinus-Kerner-Haus
Auskunft: 0 71 34/5 53
Geöffnet: Täglich von 9–12 und 14–17 Uhr.

Kunstsammlung des Dichters und kostbare
Erinnerungsstücke an Justinus Kerner, seine
Familie und seinen Freundeskreis.

Änderungen vorbehalten

Literaturnachweis

Antonow, Alexander, Planung und Bau von Burgen im süddeutschen Raum, Alexander-Antonow-Verlag, Frankfurt/Main, 1983.

Arens, Fritz, Die Baugeschichte der Burgen Stolzeneck, Minneburg und Zwingenberg, in: Historischer Verein Heilbronn, Jahrbuch 26/1969.

Dehio, Georg, Handbuch der deutschen Kunstdenkmäler, Band III/Süddeutschland, Deutscher Kunstverlag Berlin, 5. Auflage 1934.

von Freeden, Max H., Walter Hege, Tilman Riemenschneider, Deutscher Kunstverlag GmbH, München, Berlin 1954.

Lutze, Eberhard, Veit Stoß, Deutscher Kunstverlag GmbH München, Berlin, 3. Auflage 1952.

Reclams Kunstführer, Band II, Baden-Württemberg, Pfalz, Saarland, Reclam-Verlag GmbH, Stuttgart, 1957.

Schlauch, Rudolf, Hohenlohe-Frankfurt, Glock und Lutz Verlag, Nürnberg, 1964.

Schlauch, Rudolf und Herold, Joe S., Herold Kultur Reiseführer Band II, Links und rechts der Deutschen Burgenstraße, Verlag Herold, München.

Der Landkreis Öhringen, Amtliche Kreisbeschreibung 1968.

Stadt- und Landkreis Heilbronn, Konrad Theiss Verlag, Stuttgart und Aalen, 1974.

Der Kreis Schwäbisch Hall, Konrad Theiss Verlag, Stuttgart und Aalen, 1976.

Weller, Karl, Weller, Arnold, Württembergische Geschichte im südwestdeutschen Raum, Konrad Theiss Verlag, Stuttgart und Aalen, 6. Auflage 1971.

Bildnachweis

Archiv des Verlages Steinmeier: 23, 25, 26, 27, 28, 29, 30, 31, 33, 34, 35, 36, 39, 40/41, 42, 43, 44, 45, 46/47, 61, 62, 63, 64, 65, 66, 67, 69, 70, 71, 72, 73, 75, 76, 78, 79, 85, 88, 89, 90, 91, 94.

Helga Steinmeier: 22, 23, 29, 38, 60, 66, 72, 90, 93.

Löbl-Schreyer: 21, 24/25, 32, 37, 43, 87, 96/97.

Luftbild Elsäßer GmbH, Stuttgart: 48, Freig. v. d. Reg. Pros. Stuttgart, Nr. 9/65609.

Verkehrsverein Mannheim e.V.: 21 (2), 22 (Forkina-Wolff u. Archiv).

Kurverwaltung Eberbach: 30 (Archiv).

Verkehrsamt Heilbronn: 57, 58, 59 (3) (Archiv u. Windstoßer).

Verkehrsamt Weinsberg: 60 (Archiv).

Informations- u. Kulturamt Schwäbisch Hall: 68 (Foto-Kub).

H. Truckenmüller: 74.

Verkehrsamt Schrozberg: 77 (Archiv).

Verkehrsamt Rothenburg: 80 (Archiv).

Verkehrsamt Ansbach: 86 (Archiv).

Verkehrsamt Nürnberg: 92, 95 (Nürnberger Fotoagentur u. Archiv).

Wir danken

dem Leiter der Arbeitsgemeinschaft »Die Burgenstraße«

Herrn Kurt Weller, Heilbronn,

für die Mitarbeit an diesem Bildband, ferner allen Verkehrsämtern, die uns Textbeiträge und Bildmaterial zur Verfügung gestellt haben.